AQUARIUS

AQUARIUS

AQUARIUS

AQUARIUS

Vision

一些人物，
一些視野，
一些觀點，
與一個全新的遠景！

情緒勒索

那些在伴侶、親子、職場間，
最讓人窒息的相處

周慕姿
諮商心理師

【推薦序二】

拒絕被「情緒勒索」的勇氣

陳鴻彬（諮商心理師；《鋼索上的家庭》作者）

手捧著書稿，讀著慕姿的文字，我的腦海浮現好多畫面、好多臉孔。其中，有一張臉孔令我格外印象深刻。

那是一個被標定為「家庭暴力施暴者」的十七歲女孩。相較於大多數施暴者為「成年男性」，她的性別與年紀都顯得突兀。

「若不是因為你」的綑綁與束縛

在小學與國中階段，她兩度休學隨著母親遠赴美國進修。國中那一次，她在美國當地曾因為深夜時分幾近歇斯底里的尖叫，所以鄰居報警，警察上門關心。

在母親的說法裡，回台後她脾氣更加暴躁、會毆打父母，已被社會局列管在案，所以希望輔導老師協助介入管教這個「不聽話、不懂事的孩子」。

我始終相信：如果可以「好好愛」，不會有人輕易選擇「恨」。尤其是在這樣一個孩子身上。這不免引起我的關注與疑惑：是怎麼樣的恨，會讓一個孩子出手毆打父母？背後究竟還有什麼希望被聽見的故事？

然而，一開始與孩子的接觸，並不順利。「少來了！你們這些大人，全都只相信媽媽的話，認為都是我的錯。」在美國、台灣都曾接受過多次強制治療的她，活像隻刺蝟，情緒滿溢，令人難以靠近。

經過了一段不算短的時間後，我才知道，這孩子耗費了多大力氣去築起這道牆，而用意是保護自己不再受母親情緒的汙染。

「媽媽要帶我去美國，根本沒有問過我，直接買好機票，幫我辦好休學，然後告知我：跟我去美國，這是為妳好。」她說。

我很熟悉那樣的句型，藏在話語裡的意思是：「別人家的小孩想去還不一定有機會，妳別不識好歹、不懂感恩。」但其實，去進修，是媽媽的個人需求；需要有人陪伴，也是。

真正令這孩子難以忍受的是：去到美國進修的媽媽，因為課業壓力過大導致憂鬱，很多課程報告嚴重延遲或無法完成，卻把責任全推到女兒身上。

「媽媽跟同學在討論報告，我在旁邊玩著，我親耳聽見她對同學說：因為小孩不乖，使她無法專注在課業上好好地完成報告。」

她難掩氣憤繼續說：「此後，她的同學們一看到我，常常對我說：妳要乖一點、多體諒媽媽些，讓媽媽可以好好完成學業。」

「小時候我真的以為是自己的錯，因為從小媽媽就不斷告訴我：若不是因為妳，我也不用這麼辛苦。等到愈來愈大，我才發現其實自己對媽媽充滿憤怒！」

於是，她開始拒絕接受這些「情緒勒索」，開始反抗，並且把自小積壓多年的不滿與怒氣一股腦地全發洩出來，轉化成暴力與自傷。卻也因此被標定為不乖、不孝順、不懂感恩、不懂事的小孩。

「拒絕被情緒勒索的覺醒歷程，其實需要很大的勇氣去承受這些批判、責備與不諒解，妳怎麼做到的？」我問。

她一時語塞，說不出話來。

我望著她的面孔，忍不住心疼。也不禁將眼神回望我心中那個乖巧的小男孩。

孝順，加重「情緒勒索」的重量

從小，因為體諒到父母的辛苦與家中經濟困頓，我選擇懂事、聽話，當一個父母眼中典型的乖孩子。

父母對我的愛，我是知道的。包括希望幫我安排好最安全、最保險的生涯路徑，認為這是給孩子最大的祝福。

但我也隱約感受到，其中有著他們的焦慮：焦慮於下半輩子的生活沒人照顧，以及深怕在親戚朋友面前不夠有面子。

我開始面臨選擇上的兩難：一旦難兩全，我要優先考量父母，照顧他們的焦慮？還是發展自己的生涯？

即使我已做好心理準備得因應選擇後所需面對的一切，仍因他們所流露的失望與失落，讓我內心的罪惡感油然而生，差點又跌了回去，放棄自己的生涯來照顧他們的感受，降低他們的焦慮。

我很難對他們的眼神視而不見，那種眼神彷彿在對我說：「你這樣做，我們會很傷心難過，也很擔心！」

而我，雖然深知我需要做的是樹立「情緒界限」，並鼓起莫大的勇氣，反覆對自

己說：「親愛的爸媽，我很願意孝順你們、愛你們，但生涯是我自己的，這是兩碼子事，不應該混為一談。」這段歷程依舊耗了我好長一段生命與時間，才慢慢踏穩腳步往前邁進。

拒絕被情緒勒索，到底需要多大的勇氣？我深刻感受過箇中辛苦。而慕姿的書裡提供了長出勇氣的方法。

愛與關係，不該被濫用與消耗

對一個孝順、乖巧、體貼他人的孩子來說，情緒勒索的餌，毋須是言語，有時單單一個眼神、一聲嘆息，我們都會「上鉤」。

因為，我們在乎這段關係，重視關係中的對方。這樣的在乎，或許是源自於原生家庭的成長議題，也可能是害怕失去愛與肯定，但無論原因為何，這份愛與關係，都不應被任何人濫用或消耗，而是被珍視。

同樣地，如果我們曾深陷情緒勒索的糾結中而痛苦不已，也請記住那份深刻的辛苦，別輕易讓自己在欠缺覺察的情況下，不小心成為另一個放出「餌」的人。

情緒勒索的原理很簡單，但其中的機轉與樣貌其實很多元而複雜。慕姿的這本書，構築了一條系統性理解的路徑！不只給了我們「拒絕被情緒勒索的勇氣」，也提升「拒絕給出情緒勒索的自我覺察能力」。

【推薦序二】

讓情緒不再被勒索

楊聰財
（楊聰才身心診所院長）

很榮幸受邀為這本好書寫推薦序。這本書的焦點在探討「情緒勒索」（Emotional Blackmail），「情緒勒索」是知名心理學家蘇珊．佛沃提出的概念，常見於許多人際關係中，包含親子、夫妻、職場、朋友……等。

情緒勒索者會在有意或無意中，使用多種（要求、威脅、施壓、哭鬧、自殘、沉默等）直接或間接的「勒索」手段，讓被勒索者產生各種負面情緒，例如罪惡感、恐懼感、挫折感……這些感受就會在被勒索者的內心運作發酵，造成身心障礙。情緒勒索和人際互動中所謂「病態性共同依賴現象」（Co-dependence）有呼應之妙，就像一條線，操控者運用得理所當然，被操控者也渾然不知地陷入對雙方身心狀況都不利的互動之中。

為了減少這些不舒服的感受，被勒索者可能因而順服對方的要求，長久下來，形成了一個惡性循環。被勒索者讓勒索者以此手段控制、左右了自己的所有決定與行為，失去了「為自己做主」的自由與能力；最終，被勒索者的「自我」就在這過程中消耗殆盡。

身為萬物之靈的人類，難免都會有七情六慾等情緒，我們不妨藉此本書，來檢視與學習有關什麼是「情緒勒索」，以及該如何擺脫。

1、為什麼要勒索情緒？為什麼要被勒索情緒？

2、情緒勒索的六大特徵：要求、抵抗、壓力、威脅、順從、舊事重演。

3、情緒勒索牽涉到的重要三元素：自我價值感、罪惡感與安全感。

4、容易扮演被勒索者的幾種人：一直想要當好人、習慣自我懷疑、過度在乎別人的感受、希望獲得別人的肯定、過度「孝順」、對「權威」不當的尊崇。

5、自我價值感低落的人，很容易陷入情緒勒索。自我價值感是什麼定義與內涵？自我價值感和情緒勒索有怎樣的關係？

6、成長過程和社會價值觀如何影響自我價值感，包括：聽話當好孩子、好要更好、求完美不可犯錯、服從權威。

7、提升自我價值感、減少情緒勒索的好方法：重視自己的感受、瞭解自己、自我接納、表達自己的感受與需求、尊重別人的感受、為自己的感受負責／為自己做主。

8、不理想的情緒逃避策略：討好、逃避、說服、憤怒。

9、一個有「習慣性的罪惡感」的人容易被情緒勒索，什麼是「習慣性的罪惡感」？有「習慣性的罪惡感」的人，容易被情緒勒索的情境：當對方貶低你時、當對方引發你的罪惡感時、當對方威脅到你的安全感時。

10、情緒勒索對思考和情緒等身心狀況的影響：失去自尊、自我懷疑、對自己失望、忽略自我（失去感覺與表達感受的能力）、合理化（面對對方要求與自己順從的行為時）、習慣取悅、產生以害怕為基礎的互動關係。

11、鞏固情緒界限，對於防範情緒勒索很重要。什麼是「情緒界限」？

12、建立情緒界限的前提：和自己真心對話、接受自己可以忍受的界限、認真地體驗自己的情緒、立下自己人生不需要為別人負責的決定、自我允諾好好保護我自己。

13、最後，好好地訓練建立情緒界限的三步驟：停（減少互動、跳針反應、降低焦慮、閃為上策），看（先緩和自己的情緒，回顧歷程與自我的感受，安撫自己的焦慮感與罪惡感，並提醒自己的情緒界限在哪裡）、應（一次一點改變、設立不同程度的目標，有意識地選擇）。

再次強調，這本書的作者不僅很有層次、條理地剖析人生中很重要的一個課題，並且實際地列舉數個實際有用的「重要練習」，這是一本值得閱讀的書。

◎本文作者為醫師、醫學博士、副教授。

【自序】

為什麼我們無法拒絕？

開始從事諮商實務工作後，讓我發現一件事：即使原本求助的原因不同，但許多個案的困擾，系出同源，都來自於「與他人的情緒界限不清」，使得在關係中面臨「情緒勒索」的困擾，不知如何改善、擺脫這樣的互動模式，而衍生出的各種情緒困擾與身心症狀。

容易出現「情緒界限不清」，以至於嚴重至「情緒勒索」的關係，與華人相對黏膩的人際、親子、伴侶關係有關。其中，以我個人的經驗來說，女性面對的狀況又比男性嚴重。我還記得我小時候，女孩子們要表現「我們是好朋友」的重要指標，就是「我們做什麼都要一起」：買東西要一起、逛街要一起、吃飯要一起，更甚者，上廁所也要一起，愈黏膩，愈沒有界限，愈是「我倆感情很好」的指標。

而在親子、伴侶關係中，這種「情緒界限不清」而造成的各種「無意識的情緒勒索」，可說是常見的求助議題，屢見不鮮。當一方以「孝順」、「我為你好」，甚至「如果我們感情好，應該毫無界限地生活在一起」，「我有權利／權力干涉、影響或決定你的生活各種事」，這些場景，時時刻刻地在這些求助個案中的生命裡上演。

除了我們的生活，在工作上，「情緒勒索」的狀況也相當常見。當我們遇到情緒界限不清的主管、同事時，與家人互動的模式，也時常會在職場關係中重複地上演，讓我們無法招架、身心俱疲。

當我發現：原來，許多人的情緒困擾，根本原因，都是「情緒界限不清／情緒勒索」所造成，而「心理諮商」又並非許多人遇到情緒困擾的第一選擇時，我開始動念想要撰寫有關「情緒勒索」的相關書籍。市面上目前提到「情緒勒索」的中文書籍，僅有蘇珊．佛沃所撰寫的《情緒勒索》一書，但考慮到中西文化與切入角度的不同，使得此書的內容，與我實際上協助個案來建立界限的工作經驗間，仍有些落差。很感謝寶瓶文化的邀請與對我的看重，讓我有機會，能夠將我的想法付諸實行。總編輯亞君與編輯純玲的豐富經驗，以及面對書稿的細膩、謹慎態度，對我的幫助很大，也使得這本書有了更完整的風貌。

另外，關於這本書最重要的人：我的督導——曹中瑋老師，是我在就讀諮商所時，讓我第一次接觸到「情緒界限」這個概念的啟蒙師長，也教導我許多對於「情緒」的重要觀念。當我嘗試將這些觀念實踐在生活當中時，我深深感受到自己人生的改變。可以說，沒有曹中瑋老師的教導與啟發，就沒有《情緒勒索——那些在伴侶、親子、職場間，最讓人窒息的相處》這本書。而在這本書即將付梓之前，老師百忙之中，撥空看了我的書稿，給了我許多珍貴的建議，讓我受益匪淺，也讓這本書更加完備。真的非常感謝老師！

「為什麼我無法拒絕？」或許，與我的個案，或與我的過去經驗相同，你並非沒有發現自己曾經，或正在被「情緒勒索」。明知在這段關係中你已遍體鱗傷，但你仍然無法抗拒內心的罪惡感，無法保護自己，以停止這個循環……你發現你的腦袋都知道，但是心裡過不去，你不曉得什麼感受操縱了你，讓你無法停止滿足別人的需求……

那麼，或許這本書很適合你。

翻開這本書，和我一起，重新審視你身邊的關係，拿回你自己的生命主導權吧！

目錄

輯二

「自我價值感」提升，是避免被「情緒勒索」的護身符！

目錄

輯三

如何擺脫情緒勒索？

目錄

【序言】

你的人生，總是在滿足別人嗎？

「前兩天，我媽打電話給我，她要我幫她買晚餐要煮的菜回家。平常，如果能準時下班，我都會答應我媽；但是那天，我工作非常忙，需要加班，所以我跟我媽說，我臨時被主管要求加班，沒有辦法幫她買。

我媽聽了就不太高興。她對我說，公司離家很近，我可以先買好菜回家，然後再回公司加班。

我很無奈地跟她說，我現在真的很忙，走不開，希望她自己買菜。結果我終於忙完、下班回家之後，我媽臉超臭的。

她很生氣地對我說：『生你這個孩子有什麼用？不懂得體諒媽媽的辛苦，連一點忙都不願意幫，我真是教育失敗，是個失敗的媽媽！』

我聽了媽媽這麼說，真的覺得很無言，覺得她也不體諒我的辛苦，但也覺得『是不是我真的有錯呢？』面對她的責罵，我也不知道該怎麼解釋，只好默默地被她罵。但是，類似的事情一再發生。每次回家，都變成壓力，我似乎就是要一直滿足她的需求……好像沒做到媽媽的要求，自己就是個不孝子一樣。」

「我主管讓我覺得很困擾，他總是在快下班的時候才給我一堆工作，假日也常要求我加班；而且我加班的補休，常常有名無實的不能休，但他自己時常休假，甚至蹺班。

我主管總是跟我說：『你是新人，有機會進來這裡，是你的運氣，外面競爭很激烈，隨便都可以找到人替代你……』

有時候我真的覺得工作分量太多，壓力太大，當我企圖委婉地跟他討論我的工時和工作量的時候，他就會嘆口氣，然後很義正詞嚴的對我說：『你啊！動不動就說不能加班，工作分量太多，薪水太少，你應該要想，這些都是給你學習的機會。我是認為你有潛力，想要培養你，才會多給你一些機會……』

聽他訓完我之後，我覺得好像是我不知足，不懂得珍惜機會，可是又覺得哪裡怪怪的，但不知道怎麼反駁他。

有次我真的受不了，向他抗議，覺得不能接受這麼不合理的工作量，他居然說我『情緒管理有問題，不能適應職場壓力』，還說我『會被職場淘汰』……天啊！究竟是我有問題？還是他有問題？」

「從懷孕開始，我婆婆就有意無意地明示、暗示我，希望我把工作辭掉，好好在家裡專職帶小孩。我很喜歡我自己的工作，但也覺得她說得有道理：『生孩子之後，應該多點時間留給家庭跟孩子。』但我還沒準備好當全職媽媽，因此我先請了兩個月育嬰假，打算一面度過剛開始新手媽媽的手忙腳亂期，一面找到可靠的托嬰中心，然後再慢慢重回職場。

沒想到，當我婆婆知道我打算只請兩個月的育嬰假，而且在找托嬰中心時，她非常的生氣，指著我大罵，說我沒有盡到媽媽的責任，很自私，只想到自己。我婆婆還罵我說『孩子的未來都被我毀了』。

天啊！有那麼嚴重嗎？聽她這麼說，我好想反駁她，但看她這麼生氣，讓我忍不住懷疑，我是不是沒有盡到做媽媽的責任？是不是真的太自私了？」

「從交往開始，我男友就管我很多。他要求我不能穿裙子，不能化妝，也不能跟朋友一起聚餐。如果要，則一定要找他一起去。他希望我只要有空的時間，都可以跟他一起度過。如果我不按照他的方式做，他就會對我發怒，認為我不夠重視他，不像他這麼愛我。

他的發怒是很可怕的，有時候甚至會對著牆壁捶到手流血，或是不管場合地對我大吼大叫，讓我覺得自己很糟糕。

但是發怒之後，如果我答應他，按照他的方式去做，他又會變回溫柔的樣子，對我很好、噓寒問暖……

但其實我一直都很害怕他的情緒，不知道他什麼時候又會『爆炸』，因此，我只好盡量按照他想要的去做，隨時隨地去注意他情緒爆發的預兆，避免刺激他。這場戀愛，我談得好累，後來想到他，都只覺得害怕而已……」

以上這些例子，你是否感到熟悉？在你的日常生活中，是否時常出現這樣的場景？你是否感覺到，你的生活，總是得先處理、應付別人的需求，以至於必須

忽略自己的需求與感受？

那如果不這麼做呢？

如果不這麼做，對方是否就會用一些話、方式責怪你，讓你感覺到挫敗或罪惡，甚至覺得自己很糟糕；然後，你將深陷在這些情緒中動彈不得，像是被黏在蜘蛛網上的昆蟲一樣？

你的人生，都在滿足別人嗎？

試著問問自己這個問題，如果答案是肯定的，那麼再問問自己：

「發生了什麼事，讓我願意拿我的人生去滿足別人？」

當你開始問自己這個問題時，或許，你會慢慢發現，發生在你與別人之間的互動樣貌，似乎愈來愈清晰；你愈來愈看得清楚，你們之間的互動，好像對方總是當負責「要求」你的人，而你是負責「滿足」他的人。如果不滿足他，似乎就會有不好的事情發生。

如果你發現了以上的描述，與你和身邊的人互動十分相像。那麼，你很可能已經陷入了「情緒勒索」的循環之中。

什麼是「情緒勒索」？

「情緒勒索」（Emotional Blackmail）是知名心理學家蘇珊・佛沃在《情緒勒索》一書中提出的概念。「情緒勒索」常見於許多人際關係中，包含職場、親子、夫妻、朋友等。

情緒勒索者可能在有意識或無意識中，使用要求、威脅、施壓、沉默等直接或間接的「勒索」手段，讓被勒索者產生各種負面情緒，例如挫敗感、罪惡感、恐懼感……這些感受就會在被勒索者的內心發酵、造成傷害；為了減少這些不舒服的感受，被勒索者可能因而順服對方的要求，長久下來，形成了一個惡性循環，被勒索者讓勒索者以此手段控制、左右了自己的所有決定與行為，失去了「為自己做主」的自由與能力；最終，被勒索者的「自我」就在這過程中消耗殆盡，直到其心力一滴不剩為止。

在我開始從事心理諮商實務工作後，時常遇到有情緒困擾的案主前來求助。當我陪案主一起檢視自我的情緒狀況時，時常會發現，案主或許正處在一段權力相當不平等的關係中；可能案主身邊的重要他人，正好是一位情緒勒索者，而對方與案主都不知道。

一旦與案主開始討論，對情況抽絲剝繭，使其慢慢發現自己的情緒困擾與壓力，其實是來自特定的一段關係中時，有些案主會覺得相當意外：

「怎麼會這樣呢？他其實也對我很好／很照顧我／很愛我，難道他不在乎我嗎？為什麼他要勒索我？而為什麼我們都沒有發現？」

對啊，「情緒勒索」，聽起來是如此不舒服的互動關係。「勒索」這種行為，不就應該是「勒索者毫不在乎被勒索者的心情，只一味地要求被勒索者滿足自己欲望」的行為嗎？為什麼會出現在對我們相當重要的關係中？

而且最可怕的是，好像，我們雙方都沒有明顯感覺到問題所在。為什麼會這樣呢？為什麼我們不會察覺這個問題互動，而做一些調整呢？

更重要的是：這種互動，是怎麼開始的？

「如果我被『勒索』，我應該會感覺得到，而且勒索我的人，應該是個不在乎我死活的人。就像電影裡的勒索犯一樣，只在乎自己有沒有得到自己想要的，而不管對方死活。可是現實生活中，這個情緒勒索者，是對我很重要的人……他怎麼會對我做這種事，難道他是故意的？他不在乎我嗎？」

當你看了「情緒勒索」的定義，檢視自己與重要他人的關係，發現符合以上陳述時，或許你會心生疑竇：難道對方不在乎我嗎？不愛我嗎？他是故意的嗎？就是想讓我痛苦嗎？

實際上，有時身為一個情緒勒索者，他並非有意識地進行「情緒勒索」的行為，而是在面對自己的需求時，他習慣使用這樣的方式去達到自己的目的。他或許沒有發現，這對你而言是不舒服的；甚至，他在面對「需求沒辦法被滿足」的恐懼中，可能就會張牙舞爪，想要捍衛自己的權益，而無任何餘裕去注意到你的感受與需求。

但相對地，之所以能夠開始「情緒勒索循環」，也代表你願意接受情緒勒索者的勒索手段；你願意提供你的資源，以滿足他的需求，藉此安撫你心中的不安、換取內心暫時的平靜。

不要忘記：唯有你接受勒索，這場交易才會成功。

所以，如果你身處在一段情緒勒索的關係中，你需要先看清這段互動關係的樣貌，了解這個互動怎麼開始，怎麼持續，你們又在這段關係中扮演什麼角色。那並非代表你該把過錯怪在對方身上，或認為對方就是故意要讓你不好過；而是

讓你發現：對方究竟使用了什麼方式，讓你心生不安，以至於勉強自己配合對方，期盼因此內心能重新獲得平靜？

怎麼使用這本書？

在我的工作與生活經驗中，我發現，「情緒勒索」是人與人常見互動中的問題行為，但卻不容易被當事人察覺。因此在書中的第一部分，將討論情緒勒索的樣貌，讓大家了解情緒勒索是如何運作，以及如何在我們的內心造成影響。

了解情緒勒索如何運作之後，你或許會想知道更多，想知道：「為什麼我會成為被勒索的對象？」那麼，更進一步地探討我們內心發生了什麼事，使我們容易掉入情緒勒索的循環中，就成為第二部的重點。

當然，此書的最終目的，是希望讓大家能了解情緒勒索的影響，並且辨識情緒勒索，以有效擺脫情緒勒索的循環。因此在第三部分，書中將分享一些擺脫情緒勒索，建立情緒界限的小技巧，讓你能因此獲得信心，勇敢面對情緒勒索者，以奪回你的人生掌控權。

輯一

「情緒勒索」的樣貌

你不乖，所以你應該得到懲罰

宥齊覺得自己快要發瘋了。

今天是宥齊的二十五歲生日，而宥齊也做了一個重大決定：他決定要在自己生日這天，向家中父母出櫃，承認自己是男同志的身分。

這是一個非常重要的決定，對於宥齊而言，要向信仰基督教的父母，承認他們的孩子、家中獨子的自己是男同志，是非常需要勇氣的，但是宥齊打算今年和自己的伴侶登記結婚，非常希望得到父母的祝福，也希望在父母面前，自己再也不必假裝自己是個異性戀，能夠做真正的自己。

但是，當他滿懷勇氣地向父母坦承自己的性向時，卻受到父母極大的反彈。宥齊的媽媽非常失控地辱罵宥齊，認為他「很羞恥」，做這麼「骯髒」的事，怎麼對得起他的信仰？他們的教導？宥齊的媽媽覺得，自己居然養出這樣的兒子，兒子完全不顧他爸媽的顏面。

「你做出這樣的事情，你都不覺得丟臉嗎？真的讓我們覺得很羞辱……」對於宥齊，媽媽甚至以死相逼，「如果你要當同性戀，要去結婚，你要做出這麼丟人現眼的事情，那我就去自殺，我去死一死算了！反正你也不在乎！」

而宥齊的父親呢？面對宥齊的出櫃，宥齊媽媽的情緒失控，宥齊的父親只鐵青著臉站在一旁，冷冷的說一句：「把這孩子養這麼大，真是孝順，供他吃穿念名校，讓他不用擔心生活，結果這樣回報我們。」

看到宥齊的媽媽在一旁極度憤怒，導致過度換氣，快要昏倒的樣子，宥齊的爸爸著急地拿藥給媽媽吃，再對宥齊補了一句話：「你看看你媽氣成什麼樣子，你不知道你媽有心臟病嗎？你存心要氣死她？」

宥齊當下覺得好崩潰！一方面，他了解父母對於這件事的反彈，畢竟這有違他們的信仰，加上自己是獨子，父母會感到失望，這並不令他感到意外。但是他

沒想到，他們反應居然如此激烈，好像自己只要不按照他們的方式去做，自己就是個不知感恩，讓他們感到羞恥的壞孩子。甚至，他們出現的情緒、身體狀況，都是宥齊的錯，是宥齊要負責的……

「我只是想要忠於自己，我沒有做錯任何事，為什麼你們要這樣對我！」

宥齊很想要這麼對父母喊出來，但一向很在意父母感受的他，一句話也說不出口，只能站在原地，一言不發，滿懷罪惡感地承擔父母失控的情緒與言語攻擊……

＊＊＊

「喂，對，我現在準備要出發去開會，再五分鐘就出發了……」尚淇耐著性子回覆男友，這已經是尚淇今天接到男友打來的第五通電話。

尚淇的男友非常沒有安全感，他時常需要掌握尚淇行蹤，一旦他不知道尚淇去了哪裡，或是電話聯絡不上尚淇，尚淇的男友就會瘋狂的奪命連環call，或是直接殺到尚淇的公司或家中，非要找到尚淇不可。

沒多久，尚淇的同事與家人，都知道尚淇有個管她緊緊的神經質男友。

對於男友的沒有安全感，尚淇覺得非常無奈，甚至是有點受不了；但為了安撫男友，尚淇仍然按照男友的要求，盡量回覆男友的電話，報備自己的行蹤。

「你不會覺得很累嗎？」朋友不可思議地問尚淇。

尚淇只能苦笑，不知道該怎麼回答。尚淇當然覺得很疲累，但是一想到之前與男友溝通這個問題，男友立刻情緒爆炸地對她說：「我會這個樣子，都是因為你！就是因為你上次偷偷跟朋友去夜店，居然隱瞞我，沒有跟我說，我才會變得這麼沒有安全感，所以為了要讓我安心，這是你應該要為我做的。」

對尚淇而言，她知道上次隱瞞男友去夜店這件事是她理虧，但也是因為，那是個很久不見、從國外回來的好朋友所邀約，如果不去的話，尚淇覺得過意不去，但因為男友很討厭夜店，覺得那是個「墮落的場所」；如果尚淇邀請男友一起去夜店與朋友聚會（嚴格來說，那其實只是間lounge bar），男友既不會答應跟尚淇一起去，也一定不會答應讓尚淇自己去。

一邊是好友，一邊是男友，考慮到兩邊的心情，尚淇只好隱瞞，自己去了，沒想到居然被男友發現。

男友著實鬧了一頓，甚至情緒崩潰，還揚言要跳樓，把尚淇嚇了一大跳。「就是因為你騙我，我才會變成這樣。」男友對著尚淇說。「所以你不可以騙我，什麼都要跟我說。」

抱著自己欺騙男友的罪惡感，加上對於男友每次情緒失控，可能會做出的自殘或玉石俱焚行為的恐懼，使得尚淇勉強地配合男友，盡可能接到男友的每通電話，報備自己的每個行程，以免他失控而跑到尚淇公司或家中鬧。

但尚淇也感覺，自己在長久的「被威脅」的恐懼中，自己愈來愈沒自信、愈來愈不快樂。

對於男友的愛，似乎也已經慢慢消失，只剩下害怕而已……

＊＊＊

以上的場景，你是否感覺熟悉？事實上，這正是很典型的「情緒勒索」的關

係互動。

以故事一與故事二為例，這兩個故事中，都有一個很明顯相同的元素，那就是：「因為你不乖，所以都是你的錯」。

如故事一，宥齊父母無法接受宥齊的性向，認為宥齊「讓自己失望」，而宥齊決定出櫃，誠實面對自己的性向這件事，是「不符合他父母期待」的。父母希望的，是宥齊可以「繼續當一個異性戀者」，回到「社會的正軌」上，也符合父母的期待。

因此，當父母察覺到宥齊想當自己時，父母的感覺是「宥齊不乖」。「不乖」所造成的後果：父母因而失望、傷心、生氣、難過，甚至氣壞身子，或是導致其他親朋好友因而側目……父母認為，會造成這些結果，「都是宥齊的錯」。

故事二也是一個明顯的例子。實際上，尚淇男友對尚淇的掌控，已經超乎了正常人能夠忍耐的狀況，但尚淇仍然努力配合自己的男友。面對自己的需求與男友的脾氣，尚淇時常選擇妥協。

但是，當尚淇考慮到自己其他朋友的心情，因而選擇隱瞞男友時，男友立刻將一個大帽子扣在尚淇身上：「你很不乖，你欺騙我」。因此，男友覺得自己更

有「合情合理」的理由控制尚淇的生活：「因為你不乖，所以你讓我沒有安全感，讓我生氣、失望，這都是你的錯，所以你就是要滿足我的需求，『就是要聽我的』」。

而在故事一，宥齊的「出櫃」，還牽扯到關於文化、宗教與「主流價值觀」的影響。

在台灣傳統文化中，認為兒子需要「傳宗接代」，尤其身為家中獨子的宥齊，能夠在適當時間結婚、生小孩，「讓父母不需要操心」，這才是父母眼中的「孝順」。

不論是需要「傳宗接代」、「聽父母的話，才是孝順」，或是宗教認為「同性戀是不被允許的」……這些「看似主流」的文化與宗教，成為宥齊父母能夠用來要脅宥齊「按照他們的價值觀」生活的重要「工具」，而這些價值觀，就像是兩頂重重的大帽子扣在宥齊身上，讓宥齊被內心的罪惡感綑綁，動彈不得。

於是，宥齊不但挫折、難過、憤怒，還深深感覺到：「做自己，是一種錯誤的事。」

當宥齊有這種感受，宥齊也會因而對於「自己」有一種羞愧的感覺，好像

「自己是不好的」，所以「做自己是不對的」。因此，**當宥齊的自我價值低落時，如果宥齊沒有找回自我肯定的方法，他也更難堅持自己的做法，而可能就屈服於父母的價值觀**。藉由順服他們的要求，獲得被肯定的感覺，而暫時「自我感覺良好」地獲得內心的表面平靜。

故事二的尚淇，也有著類似的狀況。男友用著社會價值中不允許的「欺騙」作為懲罰的準則，這使得男友有這種想法：「因為你欺騙我，所以我做什麼都是應該的。我控制你也是應該的，誰叫你自己要騙我，代表你不可以信任」。

從小我們就被教育，「誠實」是好的，「欺騙」是不可以的，尤其是兩性關係中，如果有著欺騙，就是影響了兩人的信任基礎，破壞了彼此情感。因此，當男友這個「你欺騙我」的大帽子扣上來之後，尚淇也被自己的罪惡感綁架，因此動彈不得，只能被動地按照男友的要求做。

只是，會破壞感情、破壞關係的事情，不只有欺騙，還包含不理解對方的想法，只注意到自己的需求，卻忽視對方的感受等，但尚淇的男友只站在自己的立場，毫無考慮到對方的感受，讓自己內心的準則「無限上綱」，成為尚淇的沉重枷鎖。

只是，不論是宥齊的父母，或是尚淇的男友，他們似乎都沒有注意到，自己因為內心抱持著過度「僵化」的準則，而當準則被違反時，內心的恐懼感過於巨大，但**他們並沒有好好處理自己內心的恐懼，反而試圖控制對方，希望藉由對方不要違反自己的價值觀與準則，以此減少自己內心的恐懼**。

因此他們覺得：「會讓我有這種感覺，都是你（行為）的錯，所以你要為我的感覺負責！」

這也是情緒勒索者的一貫做法：「要求你為他的情緒負責」。

當被勒索者因為對方過大的情緒，而勉強順服，甚至內心被說服，認為自己的確需要為對方的情緒負責時，「情緒勒索循環」於是產生。

情緒勒索者如何勒索你

在故事一與故事二的舉例中，你可能已經大概知道「情緒勒索」的雛形，為了更清楚「情緒勒索」的互動是怎麼運作的，讓我們來看看下面這個例子。

薇婷是個社會新鮮人，在校表現優異的她，很快獲得了一家公司的面試機會。面試時，面試她的主管維倫，顯得相當和藹可親。他對薇婷讚不絕口，表示自己很期待薇婷加入自己的工作團隊。對於薇婷所提出的需求與福利，維倫也很乾脆地答應。

維倫對薇婷的欣賞，讓薇婷相當開心，覺得自己運氣很好，也讓薇婷相當期待開始這個新工作。

開始工作後，期間薇婷相當賣力地工作，但在與維倫的相處中，她慢慢感覺到有一些不對勁。

在面試時，薇婷與維倫曾經針對工作的義務與福利做許多確認。當時，薇婷提出了自己在工作上的限制與需求。維倫立即表示：「沒問題。這是公司應該給你的福利。工作項目的部分，你也只要做到這些內容就好。」薇婷還因而慶幸，覺得自己遇到了一個相當明理且照顧下屬的主管。

但開始這份工作後，薇婷發現維倫的態度，似乎與面試時有所差別。

維倫開始會「凹」薇婷做一些並非她工作內容，而比較像是維倫自己分內工作的事情，甚至會提出許多要薇婷額外出差、加班的需求。

當薇婷面有難色，或想要拒絕時，維倫察覺到薇婷的反應，就會說出：「你才剛開始工作，對於工作應該要全力配合，多累積一些經驗……你知道你能夠進來我們公司真的很幸運，這是多少人夢寐以求的機會，你應該要好好珍惜。」

甚至，他還會對薇婷說：「你不多努力一點，是很容易被替代的……外面競爭很激烈，都領二十二K，你應該要滿足了！」

每次聽到維倫說這些話時，薇婷都會感覺壓力很大。

薇婷覺得，自己並不是不願意配合，但她慢慢發現，這一切，似乎都跟維倫面試說的不一樣；而每次當薇婷對那些「不一樣」提出與維倫討論時，雖然表面上，維倫似乎會答應要與她好好討論，但薇婷感覺，維倫並不想好好了解薇婷的心情，因為維倫回應她的，都是上述那些讓薇婷感覺很有壓力的話語。

甚至，維倫有時還會有意無意地說：「唉，你們現在年輕人很好命，都很會替自己爭福利啦，想當初我們以前都是老闆叫我們做什麼，我們就做什麼，哪那麼多意見……」

維倫所說的這些話，似乎都在暗示薇婷：「你是個草莓族。」「你們都沒辦法吃苦，只知道拚命幫自己爭取權利。」

聽了這些話，薇婷一方面覺得受傷，她認為自己並不是「草莓族」、抗壓性太低，或是非得爭取自己的權利不可，而是因為這些狀況都跟當初面試說的「不一樣」，她只是想要搞清楚發生了什麼事；但另一方面，薇婷也忍不住懷疑，自己是不是真的太會計較？是不是不夠努力？抗壓性不夠？

正當薇婷努力調適現在工作與自己原本期待的落差時，主管維倫突然對薇婷提出一項要求：要求薇婷隔天就出國出差兩週。原本這趟出差應該是維倫的工作，但維倫說自己「家中有非常重要的事情，且工作上也離不開」，因此要求薇婷代替自己去出這趟差。

薇婷覺得這一切實在太突然了，而且，這趟出差所要面對的客戶，並不是自己接觸過的、熟悉的業務，薇婷也很擔心自己會因為不熟悉而搞砸。因此考慮過後，薇婷告訴維倫，自己可能沒辦法去。

沒想到，維倫聽到薇婷的回應後，非常生氣。他罵了薇婷一頓，認為薇婷「面對工作不夠積極，這樣是很容易被淘汰、不會成功的」，而且他還對薇婷說：「原本我覺得你是可造之材，因此向公司上層大力推薦你，你才有機會進來我們公司。沒想到你面對工作居然這麼消極，真的太讓我失望了！目前你還沒有過試用期，如果你要繼續用這種態度面對工作，我不太確定你是不是有機會可以通過試用期，你自己想清楚！」

聽到維命的這番話，薇婷感到進退維谷，一方面擔心自己工作不保，一方面也懷疑：難道自己真的消極，又不夠努力？

對薇婷來說，答應這次出差實在是太過勉強，尤其自己已經有安排其他的事情了；但如果不答應，會不會因此失去這份工作？

維命的話，既讓薇婷覺得自己很糟糕、不夠努力，又擔心如果不答應維命的要求，會使得自己無法通過試用期；因此薇婷只好勉為其難地答應，但薇婷開始懷疑，自己是否可以勝任這份工作……

＊＊＊

在職場上，或許我們都很常聽過薇婷與維命的例子。為了讓我們更清楚、詳細地來觀察「情緒勒索」的互動狀況，蘇珊‧佛沃在《情緒勒索》一書中，提出了「情緒勒索」的六大特徵，分別為：要求、抵抗、壓力、威脅、順從、舊事重演。以下以薇婷的故事為例，說明這六大特徵的表現方式：

一、要求（Demand）

薇婷的主管維倫，在薇婷進入公司後，開始要求薇婷「多做一些事」。那些事情，可能包含維倫自己的工作內容，或是超過維倫原本對薇婷承諾的工作內容。

實際上，在我們人與人之間的互動中，尤其在職場，必須面對一些超過自己工作職掌，或是重要他人的需求，其實是很常見的；因此，**並非所有要求都是「情緒勒索」**，有時候是對彼此關係（情感或工作等）的需求表達與確認。

有時候，表達自己的需求，其實對於關係也是正向且健康的；而**兩者最大的差別，其實是在於，對方對他的要求是否非常堅持，毫無轉圜的餘地；他是否無視於你的感受與你的底線，步步進逼，且為達目的，不擇手段。**

二、抵抗（Resistance）

面對時常出現的，超乎工作職責的要求，一開始，薇婷並沒有直接接受。她面有難色，且對維侖說的話產生懷疑，因此，她開始針對這些工作內容的「不一樣」，向維侖加以確認，沒有直接接受維侖的要求；但考慮到維侖是自己主管的身分，薇婷雖提出疑問，但也沒有很直截了當地說「不」。

三、壓力（Pressure）

當維侖發現，薇婷不如自己預想的一般，直接接受他的要求時，面對薇婷的「抵抗」，他並非試著去找薇婷談，了解她的感受，或是與薇婷開誠布公的討論；相反地，他選擇使用一些話語，讓薇婷產生「壓力」：「你才剛開始工作，對於工作應該要全力配合，多累積一些經驗……你知道你能夠進來我們公司，真的很幸運。這是多少人夢寐以求的機會，你應該要好好珍惜。」或是「你不多努力一點，是很容易被替代的……外面競爭很激烈，都領二十二K，你應該要滿足了」……

維倫說這些話，其背後的含義其實是：「我是為你好，你不要不領情」，甚至**藉由貶低薇婷，使得薇婷有個錯覺：「我的感覺好像是不對的、不重要的」，維倫也希望以此達到自己的目的。**

四、威脅（Threat）

在察覺薇婷的「抵抗」，發現薇婷不如自己想的「逆來順受」時，維倫除了給予薇婷一定的壓力，也可能會用一些言語、方式威脅薇婷。

例如：「原本我覺得你是可造之材，因此向公司上層大力推薦你，你才有機會進來我們公司。沒想到你對工作這麼消極，真的太讓我失望了！目前你還沒過試用期，如果你要繼續用這種態度面對工作，我不太確定你是不是有機會可以通過試用期，你自己想清楚！」

維倫說出上述那些話，不但讓薇婷感覺罪惡感，且他知道這份工作對於薇婷的重要性，所以他語帶威脅，暗示或明示薇婷：「你如果不按照我的話做，我就會讓你失去你覺得最重要的事物：這份工作。」

事實上，**情緒勒索者擅長知道被勒索者「最在乎的事物」**為何；因此，一旦我們不按照他想要的方式去做，他就會讓我們非常不好過，**甚至他會威脅讓我們失去那些「我們最害怕失去的事物」**。例如：與情緒勒索者的關係、工作、錢財、成就、名譽……也就是說，他們會試圖挑戰我們的「安全感」，讓我們覺得不安、恐懼。

五、順從（Compliance）

當維侖的壓力與威脅，讓薇婷感覺害怕、不安；**為了克服這個不安，薇婷覺得似乎只有按照維侖的方式去做，自己才可以保有自己的安全感、工作**，證明自己的能力，以及和維侖維持一定良好的關係，以「回報他的賞識」。

因此，薇婷可能會屈服，按照維侖的方式去做。而後，兩人又會維持一段「看起來關係不錯」的互動，維侖可能也會恢復成當初那個和藹可親的模樣，以「獎勵」薇婷的聽話。

六、舊事重演（Repetition）

慢慢的，維侖在與薇婷這樣的互動過程中，會愈來愈清楚知道薇婷在乎的事物是什麼，以及用什麼方法、言語威脅，可以讓薇婷就範，於是維侖在下次有同樣需求時，就會故技重施，讓薇婷再次屈服在他的需求之下。

而**薇婷一次次的屈服，也是幫助維侖有機會一次次調整自己「情緒勒索的技術」**，讓他更精於這項技巧，而**薇婷也在這段關係中，更加動彈不得**，只能被迫繼續滿足維侖的需求。

你的生活中，是否時常以他人的感受為主？
你是否時常為了他人的感受和需求，
忽略了自己的感受，委屈了自己？

為什麼我會動彈不得？

——擺脫不了的「責任」與「你應該」

從前文提到的「情緒勒索六項特徵」，以及我自己的實務經驗，我從中觀察發現，情緒勒索的互動循環，其實牽涉到三項非常重要的元素：自我價值感、罪惡感與安全感。

也就是說，**身為情緒勒索者，他們非常擅長做一件事情：貶低你或你的能力（自我價值），引發你的罪惡感，以及剝奪你的安全感。**

貶低你或你的能力

當情緒勒索者發現你不願意滿足他的需求時，他會使用一些方法，讓你感覺自己的判斷力有問題。甚至，他們會讓你感覺，如果你不按照他的方式做，是你的錯，是因為你的個性有缺陷、判斷能力不夠、太過懶惰、能力不足……他們會使用各種方法，讓你懷疑自己的「感受」是錯的、是自己不對，還會用各種理由美化他們自己的需求，以展現「他們是對的」。

很多時候，他們可能會據理力爭，極力想說服你「相信他們是對的，而你是錯的」，而且有的時候，他們可能是個權威（上司、父母、老師……），因此當他們「非常肯定地」否認你的感受，甚至貶低你的性格、能力或判斷力時，你可能也會開始懷疑自己的感受「是否正確」，而覺得他們說的「有可能是真的」。

你可能就會這麼想：「我不按照他的需求去做，就是我不好；他的判斷可能是比我更正確的，我的感覺可能是錯的。」

於是，你會感覺自己並不重要，而他們的感受是更重要的。你會在這過程中愈來愈忽略、否定自己的感受。慢慢的，你也會失去自我價值感，產生自我懷疑，對自己將愈來愈沒有信心。

「貶低」你或你的能力，幾乎是「情緒勒索循環」中最關鍵的一點。原因是：**當你被貶低時，你會感覺自己糟糕、覺得自己不好……而為了讓自己好一點，情緒勒索者放出的餌，就是：**

「只要你按照我的要求／方式去做，我就會肯定你。」

這些情緒勒索者的「肯定」，可能是口頭上的肯定，也可能是相對比較平靜而非發怒的情緒，或是一些物質上的獎賞等。

而當被勒索者因為情緒勒索者的貶低，因而感覺「自己不好」時，「按照他們的方式去做」，很多時候，似乎就是「讓自我感覺變好」的唯一途徑。

這也是「貶低」這個元素，在情緒勒索中如此關鍵的原因之一。

引發你的罪惡感

情緒勒索者與一般的勒索者最不同的地方，就是因為他與我們多半是有一定的關係。他可能是我們的上司、屬下、同事，也可能是我們的父母、孩子、親戚、家人，更可能是我們的伴侶、朋友……正因為他們與我們有一定的關係，使得情緒勒索與一般勒索最大的不同，與最讓人難以擺脫的，就在於「引發你的罪惡感」。

情緒勒索者會怎麼引發我們的「罪惡感」呢？

他們可能會這麼做：

在貶低我們之後，他們可能還會使用一些話語，與貶低我們的話語交錯進行。

比如，他們可能會這麼說：

「我是為你好。」

「我這麼照顧你，你居然不聽我的話。」

「我這麼賞識你，你讓我失望了。」

「你不按照我想要的做，難道你不愛我嗎？」

「就是因為你不按照我的方式去做，別人知道就會覺得我不好，我會很丟臉。」

上述這些言語，都好像在控訴：「我對你那麼好，你怎麼可以不按照我的話去做？」這些話的目的，都是想讓我們覺得：「我真是不識好歹」。好像我們在這個互動中，如果有什麼不舒服的感覺，那都是我們的錯覺。

情緒勒索者總是在提醒我們：我們的人生有「責任與義務」去滿足他們的需求，這樣才顯得我們「夠好」。對他們而言，「這是你應該做的事」。

而在情緒勒索者試著貶低我們，讓我們失去了自我肯定、自我信任的能力後，「引發罪惡感」成為加深我們「覺得自己糟糕」的「感覺放大器」。當我們被貶低，又在他們的言語中，戴上了他們為我們準備的「應該怎麼才對」的大帽子，那種感覺「自己很糟糕」、「自己讓別人失望」、「自己很不對」的感覺，會使我們感覺很差、非常焦慮，甚至讓我們動彈不得。

此時，如果他們對我們提出他們的要求、標準，要我們照做時，我們對於他們釋放出的「你只要滿足我的需求，你就是好小孩、你就是很乖、你就是很棒」的訊息，有時是難以招架的。

對被情緒勒索者「貶低」，而失去自我價值感的我們而言，他們的肯定，很多時候，就可能成為是我們情感上暫時的「浮木」。

也就是說，為了要讓我們「自我感覺好一點」，希望不要覺得自己這麼糟糕時，我們可能就會抓住這個訊息所暗示的「好做法」，而願意按照他們的方式去做，滿足他們的需求，以得到他們好的評價，用以替代原本存在我們心中的「自我價值感」。

而情緒勒索者，也達到了他們的目的。

剝奪你的安全感

有些情緒勒索者除了使用上述的方式以外，還會做出一些明顯的威脅，而那些威脅可能直指你最在乎的事情。

例如：

「你要不照我的方式做，要不我們分手。」

「你要是跟他結婚，我們就斷絕親子關係。」

「你要是不按照我的方式做，我就死給你看。」

「你如果不按照我的方式做，你就會失去這份工作。」

「要是你不聽我的，我就讓你身敗名裂。」

就像我前面提到的，情緒勒索者知道，對你而言，你「最在乎的事情」是什麼，於是他們會威脅你，剝奪你的安全感，讓你覺得不安。

你的安全感事物就像「肉票」一樣，情緒勒索者會讓你覺得，你的肉票就在他手上，而你如果想贖回，就只能乖乖聽他的話，按照他的方式做。

這項特色，也是為何這段互動關係被稱為「勒索」的原因：**情緒勒索者威脅將奪走你的重要事物，讓你感覺焦慮、害怕，於是你只能按照他們的方式做，以求減輕不安與恐懼，「贖回你的安全感」**。

但很多時候，你的安全感就如你的弱點，被情緒勒索者牢牢掌握在手中；只要第一次勒索成功，他將食髓知味，跟你愈要愈多；而你也會在一次次的退讓中，使得自我與快樂都在這過程中消失殆盡。

＊＊＊

看完上面所描述這「三元素」，你是否覺得似曾相識？實際上，綜合這三元素，我們幾乎可以說，情緒勒索者其實一直在向被勒索者傳達一個訊息：

「你有『責任』讓我覺得你變得『更好』」。

也就是說，情緒勒索者認為，被勒索者有讓情緒勒索者覺得其變得「更好」的責任；而且，**這個「更好」的標準，是由「情緒勒索者」所定義的**。

另外，不能忽略的是，很多時候，情緒勒索者可能會使用「強度很大的負面情緒」，作為「包裝」這三元素的手段；而強度很大的負面情緒，會使得「情緒界限模糊」的被勒索者，心裡因而產生很大的壓力，覺得自己需要負對方的「情緒責任」，於是，情緒勒索者得以「遂行其是」，而被勒索者只能任憑其予取予求。

情緒勒索者的模樣

對於被情緒勒索者而言，或許很難理解，為什麼有人會成為情緒勒索者？尤其，他很可能是我們的重要家人、親密伴侶、知心朋友、主管同事……

究竟是什麼，讓他們變成了對我們不停索求的情緒勒索者呢？

他們的心裡，究竟在想些什麼？

而他們，又有什麼特徵？

你拒絕我的要求，就是拒絕我

「之前在公司裡，有個坐我隔壁的同事，時常跟我抱怨她工作太多，主管對她很苛刻，讓她總是沒辦法準時下班去接孩子，導致她的孩子總是一個人在空蕩蕩的幼兒園裡等。

有一次，她跟我說，因為她那天要提早離開去接小孩，所以拜託我幫她去開一個會。平常上班聽她吐了不少苦水，覺得我們交情還算可以，也看著好幾次她趕著下班接小孩，其實滿同情的，所以我就答應了。

沒想到，從那次開始，我同事時常在快下班的時候，把一些原本是她該做完的工作丟給我，理由也多半都是：她要準時下班去接小孩。問題是，原本我以為只是一次性的幫忙，結果後來，卻變成了我自己都因而沒辦法準時下班；而她，明知道自己工作做不完，卻還是在上班的時候打混、和別人聊天、逛網拍……最後再把做不完的事情丟給我，之後，她才來要求我幫忙，跟我說：『因為我要準時下班接小孩。』

後來，我覺得我真的受不了了！有一次，在她又嘗試要把工作丟給我的時

候，我鼓起勇氣拒絕了她。

沒想到，她居然當著全辦公室同事面前，把我罵了一頓。說我只想打混、不想多做事，個性很消極，工作態度很差，而且還罵我自私，不替人著想，是只會獨善其身的老姑婆……」

＊＊＊

看了這個例子，你是否覺得驚訝？是否覺得，怎麼會有人居然把「別人的幫忙」當成「理所當然」？甚至最後變成了「你不幫忙我，就是你欠我」？這是怎麼回事？

實際上，這個例子很明顯地呈現出「情緒勒索者」與「被情緒勒索者」其思考模式、內心世界的不同；而談到「情緒勒索者」與「被情緒勒索者」內心世界的不同，就要談到面對「他人／自我需求」時，這兩種人內心的不同看法。

就如同我前文提到的，在人際互動中，自己有需求，並且提出來討論，是相當常見的人際行為，並不是所有這樣的行為，都構成情緒勒索的要件。所以，也並不是會提出自己需求的人，就是會情緒勒索的人。那麼，「情緒勒索者的不同點」，究竟在哪呢？

事實上，就如同這個例子，許多情緒勒索者的特色是，在「他人與自我的需求」起衝突時，很多時候，他們是會選擇性「忽略他人的感受與需求」，而且，他們會自動地「放大」自我需求的急迫性。

也就是說，他們的內心裡，當感受到「自我需求」與「他人需求」起衝突的壓力時，會促使其升起一股讓情緒勒索者難以忽略的「焦慮感」。那股焦慮感，會讓情緒勒索者感到強大的不安。

為了安撫這種不安的感受，**情緒勒索者**便會「放大自己的需求」，並且嘗試**將這個壓力與焦慮，轉嫁到別人身上，讓別人能夠滿足自己的需求，以此讓自己的焦慮感降低**，減輕不安的感覺。

所以，就會出現如上述舉例的公司同事，「合理化」他人的好心幫助，把「別人滿足自己的需求」視為理所當然；因而認為，「不滿足自己需求」的對方，是「很壞」的、是「自私」的。

這也就會產生：「怎麼會這麼『不客氣』地覺得，別人幫你是他的義務？不

幫你就是可惡？」令一般人傻眼，也不能理解的感受與結果。

另外，情緒勒索者最大的特點，就是他們對於他人的拒絕（挫折），其忍耐度是很低的。如上文舉的例子，公司同事面對對方的拒絕時，不能理解對方的困難，反而像是「惱羞成怒」地把對方罵了一頓。也就是說，很多時候，他們無法接受別人的拒絕。他們認為：「你拒絕我的要求，就是拒絕我」。

請注意我剛剛用的形容：「面對拒絕，情緒勒索者像是惱羞成怒地把對方罵了一頓」。

一般而言，在我們小時候，我們會在一次次的失敗，或是在人際關係的不遂人意中，慢慢地培養我們對挫折的忍受度。尤其，**如果我們有界限清楚的父母**，在成長過程中，我們會在與父母的互動中發現：或許，我們並不是每一次的需求都可以被滿足，有時候也可能被拒絕，或是父母也有力不從心的時候；但，這並不代表父母不愛我們。

我們會學到：父母拒絕我們，並不代表他們拒絕跟我們「建立親密關係」，或是「討厭我們」。

但如果遇到情緒界限不清楚，或是將「拒絕小孩需求」作為「懲罰」、「答應小孩需求」作為「行為獎賞」的父母或照顧者；甚至，如果這個照顧者，對於小孩的需求有求必應，甚至幫孩子「避免」許多挫折發生的可能性，打造出一個「無菌環境」時……如此，小孩對於「自己的需求被拒絕」這件事，就可能會變得敏感，甚至會在被拒絕的當下，感受到強大的失望，情緒失落與痛苦。

這種失望與失落，有些時候，甚至會引發情緒勒索者的「羞愧感」，讓情緒勒索者下意識覺得：對方拒絕自己，是因為自己「不夠好」，所以他拒絕了。

情緒勒索者在面對這種「羞愧感」時，會一直覺得自己「不好」，而這種羞愧感是很難接受與消化的。**為了讓自己感覺好一點，情緒勒索者很容易「惱羞成怒」，開始把內心的羞愧感，投射到讓自己產生羞愧感的人身上，認為「是對方的錯，對方不該讓我有這種感覺」**，於是，情緒勒索者從「覺得羞愧」，到變成「都是對方的錯」的攻擊反應，憤怒地指責無法滿足他需求的人，一發不可收拾。

實際上，「對挫折的忍耐度低」的這個特徵，時常出現在情緒勒索者的情緒表現中。當他們面對他人的拒絕時，他們從未好好學習過：面對這種狀況時，如何學著尊重別人，以及內心的失落該如何調適。他們甚至會將對方的拒絕放大，

認為這是因為對方不夠重視彼此的關係，或是否定、討厭自己。

這種想法，會使他們內心的恐懼、痛苦、失望、羞愧等各種情緒一湧而上，化為很深的焦慮感。這份焦慮感，便成為情緒勒索者的力量，驅使他們不接受拒絕，且會使用各種方式去要求他人，認為對方必得要按照他們的要求去做。

對此時的情緒勒索者來說，只有當他們的需求被滿足，他們的焦慮才能暫時降低，等待下一次的焦慮再被激起。

無法擺脫的不安全感

「你知道我女友吧？我最近覺得快受不了了，她不但每天要掌握我的行蹤，我要跟她報備，告訴她我要去哪裡，還要隨時隨地『on call』。她會隨時打電話查勤，問我在哪裡，只要我有個吞吐、遲疑，或是，不小心上週跟她說的行程與今天她查勤的不符，她就立刻大發雷霆，說我不愛她，或是我欺騙她、不在乎跟她的關係。

我的老天！我知道她有不安全感，我也不是不願意安撫，但這也太嚴重了吧！有時候，就算我其實沒做什麼，不知道為什麼，只要一接到她的電話跟質問，我就會有種心虛的感覺。她就像是祕密警察，整天刺探我，讓我感覺我好像隨時都會做錯事。對於這段感情，我也沒辦法投入。每天光應付她的詢問，我就筋疲力竭了……」

＊＊＊

這個故事，是否讓你覺得熟悉？或是說，你正好有個缺乏安全感的另一半呢？

事實上，有一些情緒勒索者，就如同這個故事中的「女友」一般，時常疑神疑鬼、非常不安。但他們沒有意識到，可能因為過去的成長經驗或情感經驗中，自己有過被遺棄、被忽略或被欺騙的痛苦經歷，因此他們懷抱著這樣的不安，繼續與他人建立親密的關係時，這些不安就會襲來，讓他們產生很大的不安全感。

麻煩的是，一旦之前的痛苦經歷，他們並沒有好好面對，了解這些不安其實

是來自於「內在」時，這些過去的經歷，就會像是他們的「未竟事宜」，會使得他們在遇到類似場景或互動時，讓他們出現「既視感」，使他們感覺相似或熟悉；而如果現在的親密關係，因為對方的拒絕，或關係中的挫折，有機會勾起他們在過去經驗中，所經歷過的強大的不安與痛苦時，這些「過去沒有處理完的情緒」，會和現在事件所勾起的類似情緒「合為一體」，變成極大的恐懼與不安全感，擊垮情緒勒索者的理性。

遇到任何會勾起他們「既視感」、勾起不安的情況，這些人會因而感到無助、自我懷疑，極為害怕失去，並且因為這樣的想像產生極大的焦慮：「糟糕，我可能會失去這段關係／這個人／這份幸福」。甚至，**他們沒有意識到，這個不安其實是來自於他們的過往經驗，源自於他們的內在；所以，他們還會把自己的不安投射到對方身上，認為「是對方讓自己感覺不安的」**。

於是，他們會採取各種強硬，甚至非理性的情緒勒索手段，只為了阻止他們內心最糟結果的發生，並且藉由這些手段的執行，來獲取些許的控制感與安全感。

就如同上文故事的女友，當她對關係產生不安時，她將這個不安投射到男友身上，為了控制最糟結果——也就是男友欺騙她或離開她的結果——不要發生，她採取了各種強硬的情緒勒索與控制手段，包含查勤、怪罪對方讓她不安、不夠愛她等，用極大的情緒反應來貶低對方與引發對方罪惡感，以達到自己的目的——控制對方行為，藉此減少自己的不安。

像這樣的情緒勒索者，他們並非是純粹只在乎自己感受的人。有些時候，他們可能也是在乎別人感受的；但是，當讓他們出現強大不安感的焦慮來襲時，他們的腦袋完全被「可能會失去」，那種「命懸一線」的焦慮感給綁架。

他們無法理性辨別，現在自己身邊親密的人，與自己的互動所產生的「拒絕」或「挫折感」，究竟只是親密互動行為中常見的「小衝突」，還是會使他們失去賴以生存之關係的「大悲劇」。於是，他們使用情緒勒索，執著於某些行為，要求對方按照自己的方式做，藉此感覺「一切可控」，以期獲得一些安全感。

只想到自己

「我和我的未婚夫交往了八個月，之前由於他的工作在國外，所以我們聚少離多，原本打算今年他回來台灣工作後，我們要結婚。但等他回台灣，我們見面頻率變高後，我開始覺得不對勁。

他時常有機會跟別的女人單獨相處，不論是去談合約、出差、吃飯、開會……這些女人可能是他的事業夥伴、不能得罪的客戶，或是他的『好朋友』。有一次，他說他要跟他的『好朋友』吃飯，結果吃到了三更半夜都沒回家。於是我受不了，我跟他說，我沒辦法接受他與許多女人互動甚密的生活。如果我們要結婚，我會希望他能夠有所調整。

沒想到，聽到我這麼說，他居然情緒大爆發！

他說，他原本以為我是個聰明、懂事、獨立，不是那種會亂吃飛醋的幼稚女人，沒想到我跟那些女人沒什麼兩樣，而且還不停地懷疑他，這讓他覺得非常受傷。

『愛情最重要的就是信任，你對我根本就不信任，還想要干涉我的人身自由。我覺得你好自私，根本只是想要控制我跟占有我，一點都不愛我！』他還說，如果我這個樣子，他覺得結婚的事情應該要暫停，否則結婚之後，他的生活會更不自由，因為，他沒有辦法活在一個『一天到晚被老婆懷疑查勤』的婚姻裡。

聽他這麼說，我覺得好難過，我根本不是這個意思，並沒有真的不信任他，只是他太常與其他女人單獨會面，這點真的會讓我覺得不安……我並沒有想要掌控他的生活，但聽他這麼說，我覺得我好像真的很幼稚、很自私，都沒有好好替他著想……」

有些情緒勒索者，他的「同理心」是低的，的確是「在乎自己的需求」大於他人的需求。對他而言，他可能很少注意到別人的需求是什麼，而時常覺得「自己的需求」才是最重要的。

他們甚至會認為他人的判斷都是錯的，只有自己的判斷是最正確的，即使有時候他們可能會從對方的反應，被提醒：自己忽略了他人的需求。但他們會合理化自己的忽略，並且認為自己的需求與判斷「才是最正確的」。

而當他們被對方提醒：「你只在乎自己的需求，卻忽略我的需求，甚至為了

你自己的需求而犧牲我的感受」時，面對因而升起的罪惡感，他們採取的策略不是自問「我是否傷害了別人？」反而，他們常會使用一種方式來面對他們的罪惡感：「推卸責任」。

他們會先發制人，把錯怪在別人身上，藉由這種「推卸責任」的方式，可以讓他們合理化自己的行為，讓自己感覺好一點。

就與故事中的這位先生一樣，他並沒有試著去理解對方的感受，理解自己跟女性友人時常單獨會面的行為，可能會造成未婚妻的不安；反而將責任全部怪在對方身上，認為是對方不信任自己，是對方的錯。

這類情緒勒索者，因為「只想到自己」，且很難接受「自己可能做得不夠好」。那種「覺得可能是自己做不好」的感受，會讓這類情緒勒索者感覺很差，於是他們選擇把錯怪在對方身上；他們會更快、更大聲地說出自己對他人的指責：「都是你的錯、是你忽略我、是你先……」他們用推卸責任的方式，放大自己的傷害，希望達到讓對方因而產生罪惡感的目的，他們才有機會遂行其是，讓對方因為罪惡感，而願意按照自己的要求去做。

這類情緒勒索者的盲點，在於：他們從沒有學過，互動關係是需要，也可以

討論與協調的；而考慮對方的需求，修改自己的行為，並不代表自己就是「錯了」，是「很糟糕的人」。

或許在過往的經驗中，這類情緒勒索者承受著「失敗／錯誤就是很糟糕」的價值觀，使得他們在面對自己可能「被指責／被要求」的情境時，會特別覺得焦慮；為了安撫自己的焦慮，他們會將錯誤丟到對方的身上，這也是一種「自我防衛」的方法。

從過程中感受自己的重要性

「我媽是個很偉大的女人，她窮盡一生之力，養大了我們家三個小孩……對，我從不否認這點。但是有的時候，我真的覺得跟我媽相處，會讓我壓力很大。我媽總是會跟我們絮絮叨叨地說誰對她怎樣怎樣不好，比如說她小時候怎麼被爸媽虧待，長大怎麼被朋友虧待，結婚後，又怎麼被後來離開我們的爸爸虧待。

她常說，要不是因為我們，她現在一定是個女強人。她是為了我們才不再嫁，也沒有好好發展自己的工作，所以要我們一定要好好孝順她。

其實包含我的弟弟妹妹，我們都不是不孝順的壞孩子，但是有時候，我們會覺得媽媽的要求真的很難滿足。

比如說，如果她有需要，她打電話給我們，我們都要隨時接電話，不論我們是否在上班，或是正在忙其他的事。

她對我們念的科系、工作、交往的朋友，甚至結婚的對象，都有她自己的一套標準與要求。如果我們不按照她的想法去做，她要不就聲淚俱下的罵我們不孝，要不就說是為我們好，我們都不會想。

每次遇到我們不順從她，媽媽最常罵我們的，就是說她一生過得多苦，好不容易拉拔我們長大，別人都以為她可以享福了，沒想到三個小孩對她如此不孝，不懂得感恩，還忤逆她，不懂媽媽的心情……

每次一聽到媽媽這麼說，我和弟弟、妹妹就一起沒轍了。我們真的不知道，為什麼每次我們只是想要表達自己的想法，就代表我們不孝？好像我們沒有按照媽媽想要的去做，我們就對不起媽媽。做自己，好難……」

＊＊＊

有些情緒勒索者，他們重視自己的需求與感受大於別人的，是因為他們一直以來，都覺得自己「被虧待」。

可能從小到大，他們時常感覺到委屈、不滿足，所以一旦有機會，他們就希望別人能夠「非常」重視他的需求。為了要讓別人重視他們的需求，他們不惜使用情緒勒索的手段，讓自己在這段互動關係中，能夠占上風。

對他們而言，他們的需求能夠被注意、被滿足，是一件很重要的事情，即使對方可能是勉為其難地答應，但對這些情緒勒索者而言，對方「為了他們」，因而勉為其難答應了一件困難的事情，正代表這些情緒勒索者的「重要性」。

也就是說，有的時候，這些情緒勒索者，並非不知道對方是勉強的。對他們而言，在這種人際互動過程中，感覺到對方的「勉強答應」，反而可以讓這些情緒勒索者，感覺到自己是重要的；而這個感受，也成為情緒勒索者的「安全感」，用以安撫他們感覺自己長期被虧待、被忽略的不安與焦慮。

就如同這個例子中的媽媽，**媽媽藉由讓子女有罪惡感，因此讓子女能夠為自己做一些妥協與迎合，會讓媽媽感覺到子女「孝順」**，重視媽媽的需求；如此，才能弭平媽媽感覺自己長期被虧待的委屈。

但這類的情緒勒索者，卻沒注意到被勒索者的委屈；甚至，可能因為太過聚焦在自己的委屈上，反而合理、淡化了他人委屈的情緒。認為被勒索者為自己做這些，迎合自己的需求，都是「應該的」，根本就「不應該有委屈」，否則就是「不孝」。

從前面的討論，或許，你也發現了，大多數的情緒勒索者，他們內心的不安與焦慮，其實並不比我們少，只是，或許他們過去學到的，是必須用「情緒勒索」這樣的方法，才能得到自己想要的東西，才能給自己安全感、安撫自己的焦慮。

但很多時候，他們卻忘記了：有時，讓他們真正焦慮與不安的，是這段關係的好壞；而**情緒勒索的手段，可能只讓他們暫時獲得了表相的滿足，但卻讓他們失去了真正害怕失去的「重要事物」：親密關係，以及對方的愛。**

因為在這過程中，被情緒勒索者答應了情緒勒索者，是因為焦慮與害怕，而

非對情緒勒索者的愛。

讀到這裡，如果你發現：「原來，我是個情緒勒索者」時，請你不要認為，這本書是在指責「情緒勒索者有多可惡」。

事實上，**每個人都有可能成為情緒勒索者或被情緒勒索者**，而藉由探討情緒勒索者／被情緒勒索者的內心世界，並且提醒我們：促使我們成為這兩個角色其中之一的「焦慮與害怕」是如何運作的，才有機會讓我們跳出這個循環，真實表達自我，也才有機會使我們獲得真正想要的東西：對方的尊敬與愛，以及深入、平等並真實的關係。

既然，前面我們提到，面對關係，有些人的不安與焦慮，會促使他們成為情緒勒索者；當然，也有些人，他們的不安與焦慮，反而讓他們成為這段關係中的被勒索者。

接下來，讓我們換個角度來了解：怎麼樣的人，容易被「情緒勒索」呢？

身為一個人，我們有感受，也有需求。
我們應該要被尊重、被理解，
而不是被「你應該」的教條壓抑，
使得兩人互動時，只有一個人的聲音。

怎樣的人，特別容易被「情緒勒索」？

我想要當好人

「這個我不會，你可不可以幫我～」「這些工作真的好多，我做不完，你幫我好不好？」「我上次團購東西沒有時間去面交，你可不可以幫我去面交？」「你打字好像很快，我打字比較慢，這份資料可不可以拜託你幫我打啊？」……

「你人真的好好～」同事、同學、朋友、家人的要求，總是讓你難以拒絕……你是這樣的人嗎？如果你是，那麼，你多半是大家口中的「好人」。

以我自己實務工作的經驗，我發現，在台灣，有很多人都希望自己是「好人」；而，或許是因為男女教養文化不同的原因，希望自己是「好人」的比例，女性又比男性多很多。

「你為什麼希望自己是好人？」當我這麼問時，回答的理由不外乎：「我不希望別人覺得我難相處」、「我不想要造成別人的困擾」、「我不希望別人討厭我」。

那什麼時候，我們會覺得自己「不好」呢？當我詢問有這種困擾的人時，大家有志一同，回答的都是：「拒絕別人的時候。」

實際上，如果你想做好人，身邊絕對不乏讓你能夠「做好人」的機會，問題在於，「為了當好人，你付出了什麼代價？」

尤其是，當對方的要求讓你覺得有壓力，負擔太重，甚至影響了你的心情，損害你的權益，讓你必須壓抑你的需求時；但**如果，我們覺得「拒絕別人，那代表我們是個不好的人」時，我們就很難學會對「不合理的要求」拒絕，而我們就會很容易成為：默許「情緒勒索者」對我們為所欲為的「被勒索者」**。

你是否想過：「為什麼我想要當好人？」

有時候，我們覺得我們必須當好人，因為「沒有選擇」，因為這個社會是這樣教導我們的：我們需要在意別人的目光與評價，需要獲得別人的好感，需要不斷地調整自己的行為，讓自己「好相處」。

於是，我們變得非常顧慮別人的需求，在意別人的想法。有時，我們勉強自己滿足別人需求，沒辦法拒絕別人。**好像拒絕別人，是自己的錯**。

尤其，看到自己拒絕別人之後，別人失望的表情，有時會讓我們感覺：「我做錯事了，我讓別人失望了。」那種感覺真的很糟。所以我們努力，不想拒絕別人。不想因為別人對我們失望，而讓我們也對自己失望。

可是，當你選擇做好人，你必須付出的代價是：你讓某些人，有機會可以利用你達到他的目的。你的「必須當好人」及對「別人對自己失望」的害怕，讓你看不清這個事實。

於是，你的「好」，反而成為造成「情緒勒索互動」的重要養分之一。

習慣自我懷疑

「可是，我每次聽到對方對我的責備與要求時，雖然我腦袋知道他說的不對，可是我總是會懷疑自己：是不是我真的有做錯什麼，所以他才會對我這麼說？否則他怎麼會指責我呢？我如果沒有好好反省自己，把錯都怪在對方身上，那我不就是很不負責任嗎？說不定我真的有做錯什麼……」

你常常出現上述的想法嗎？如果是，你可能就是一個「習慣自我懷疑」的人。

習慣自我懷疑的人，對於自己是很沒有信心的。**當我們是個習慣自我懷疑的人，我們很容易就會掉進了「自責的陷阱」中。而這樣的人，對於習慣將責任推卸到別人身上，並且貶低別人的情緒勒索者而言，簡直是個「非常完美的對象」**。

當面對情緒勒索者不合理的需求時，習慣自我懷疑的人，可能會在接收情緒勒索者一貫的貶低、推卸責任的手法時，覺得惶惶不安。即使在面對情緒勒索者的要求，其實是非常痛苦而勉強的，但「自我懷疑」會使我們問自己：「他說的

會不會是真的？會不會我真的做錯什麼？會不會我真的太自私？會不會我的判斷是錯的？他真的是為我好？而我還恩將仇報？」

很多習慣自我懷疑的人，其實是對於罪惡感很敏感，責任感也很重的人。可能在過去經驗裡，自我懷疑者學會了承接他人的情緒責任。他們可能在高標準的環境中長大，時常擔心自己做不好，會造成別人的困擾、愧對別人。

他們沒有足夠的自信，總擔心「麻煩」別人，擔心別人覺得自己能力不好，或對不起別人……這種時常存在的「自我懷疑」與「罪惡感」，常使與他們互動的情緒勒索者嗅到，而成為開始一段「情緒勒索關係」的關鍵。

過度在乎別人感受

「我的確總把別人的感受放在前面。當別人有需求的時候，如果他提出需求，而我沒有答應，我就會很有罪惡感；尤其如果他因此而覺得失望、生氣或難過，甚至因此對我有些指責的言語，我就會更覺得我好像做錯事了。我好自私，我讓他失望了，甚至我也會害怕他因而討厭我。所以，最後，不管再怎麼勉強，我總是會答應，然後讓自己疲累不堪……」

當我有機會遇到遭遇情緒勒索、深陷其中而痛苦不已的人們，常會發現他們有一種共同的特質：在乎別人的感受。

「在乎別人的感受」，並非是被情緒勒索的必要特質之一。事實上，在人際關係中，如果你是個在乎別人感受的人，別人與你相處是相當愉快的。你將會體貼、善解人意、隨和，可能會有很多人與你相處時，都覺得如沐春風。

但問題是，如果「在乎別人感受」的特質太過放大，變得以「別人的感受好壞」作為自己的行為準則的時候呢？

甚至以別人感受為首要，完全忽略了自己的感受？

那麼，這樣的人，在人際互動關係中，或許常常會覺得非常辛苦。他們無法不在乎別人的感受，一旦別人對他們表達失望、生氣、難過等負面情緒，都會讓這些「極為在乎別人感受的人」不安、害怕。他們會擔心：是否因為自己沒有做好、不夠體貼，使得別人有這些負面情緒。

所以，當別人對他們提出要求時，他們會害怕看到別人失望的表情，更害怕

因而衝突，甚至被對方討厭。因此，即使自己百般不願，他們還是會勉強自己答應。

這些「過於在乎別人感受」的人，不敢忽略別人的任何一個細微表情，他們急於取悅別人，但卻在過程中忽略了自己的委屈。

希望獲得別人的肯定

當我們檢視情緒勒索互動關係時，我們會發現，在這些關係中，**「上對下關係」是情緒勒索中很常見，卻也是最難掙脫的互動循環**。

所謂「上對下的關係」，指的是父母對孩子、上司對下屬、老師對學生……這種明顯有「權力位階」的關係。有時候，甚至在伴侶親密關係中，也常見這種隱性的權力位階。

當出現這種權力關係時，這段關係有一個最大的特色，就是「有一方可以定義、評價另一方，而由於這個權力位階的影響，另一方不得不接受對方的評價」。

如果，這個時常被定義、評價的一方，是個很在意別人看法，希望獲得別人肯定的人，就更容易陷在這個互動裡面。因為，如果你是這樣的人，你可能會下意識地去確認對方對你的評價與看法，你會努力做一些事，只為了能夠得到對方的肯定。

危險的是，如果這個「上」，也就是這段關係中的權力擁有者，他是個具有情緒勒索者特質的人。那麼，你陷入情緒勒索的可能性，就會變得非常高。

你可能會不停地努力達到他的要求，只為了獲得對方的肯定與暫時性的讚美。**一旦對方貶低你，或是說出「我是為你好」，你可能就會忍不住相信，然後按照他的方式去做，只為了得到對方說一句：「你做得很好。」**

當然，這種情緒勒索關係的形成，仍然是有一個具有「情緒勒索」特質的人，與一個「希望獲得肯定」的被勒索者，才能完成這整個情緒勒索的互動循環。

但是，我認為這個互動關係，與「上對下的權力關係」有極大的關聯。這類型的情緒勒索互動，並不能純粹地僅以個別的角度分析，而是必須將其放在一個

社會文化的脈絡，加以探討，才能真正的了解其根源，並且有機會破除其循環。

以下，我將就這個台灣／華人社會特有的社會文化脈絡，做一個簡單的延伸討論。

「孝順」文化與對「權威」的尊崇

「你要聽話，不要忤逆師長。」

「你為什麼就是要跟爸媽作對。真的是很不孝。」

「你要孝順，要尊師重道……」

這些話，對於你、我而言，是否耳熟能詳？

台灣社會，由於深受儒家文化影響，很在乎「孝順」。「孝順」這兩個字，相信每個人都琅琅上口，但是「孝順」是什麼？那就見仁見智了。雖然「孝順」似乎難以定義，但是「孝順」在台灣文化中，毫無疑問被認為是「美德」的一種，甚至社會還會選出「孝悌楷模」來加以嘉獎。

但既然「孝順」是如此難以定義。那麼，父母心中的孝順是什麼呢？在台灣許多五、六十歲以上的父母眼中，「孝」就是「順」，好像有「順」才有「孝」。所謂的「順」，最簡單的定義，就是「順從爸媽的想法與意見」，就是「聽話貼心」，也就是說，「孝順」的標準與定義，是由父母決定的。

在這個文化架構下，對於某些父母而言，孩子「夠不夠聽自己的話」，就決定了孩子是否「有美德」，是否「孝順」。

對這些父母而言，或許，自己的爸媽以前也是這樣對待自己的。因此，期待孩子「順」已經變成一種習慣；尤其從小到大，長期跟孩子的互動，都是比較權威式的「上對下」的要求與命令：「我說的、做的都是對的，你要按照我的要求做。」

只是，隨著孩子長大，有自己的想法、事業與專業知識。這樣的父母，其實缺乏跟長大的孩子互動的方法知識，於是，還是用過去與孩子互動的習慣方式：害怕孩子受傷，希望孩子照著自己希望的路或方法做。這樣，父母才會覺得安心，覺得有安全感，覺得「這樣比較好」。

但是，已經長大成人的孩子，有自己的想法，也有自己的樣子。當父母無法

習慣，也無法接受時，「我養你這麼大，你居然這樣回報我」的這類情緒勒索的話就容易出現，而孩子也會礙於因為該「孝順」的罪惡感，使得自己與父母陷入情緒勒索的循環中。

有時候，這種社會對「孝順」的推崇，不只綁架了孩子的自主性，卻也扼殺了父母了解孩子的機會。

因為「孝順文化」，有些父母對於孩子應該如何順從，有太多「應該」的想像，使得**父母有時無法拋下自己身為父母的權威、尊嚴與面子，認為「我是父母，我為你好，所以你聽我的是應該的」，卻忽略了孩子也是一個「人」**。身為人，他當然有獨立的思考、獨立的想法，可以有需求、有感受，這些都是應該被尊重且在乎的。

這樣的互動，其實有時也可以在師生關係中觀察得到。與「孝順」文化類似的，包含「尊師重道」等文化思想影響。台灣的文化中，普遍對於「權威」是尊敬且信任的。

所謂的「權威」，不論是父母、老師、長官、上司……有時候，我們社會似乎默許權威、上位者，能夠對下位者（子女、學生、下屬……）有一些嚴厲的詞語或要求，甚至是威脅、是勾起你的罪惡感、是福利的剝奪。有時我們甚至認為，權威者對於非權威者的要求或言語責備，就算過分，也是訓練，也是「有意義的」。

所以我們都時常聽到「合理的要求是訓練，不合理的要求是磨練」、「吃得苦中苦，方為人上人」、「愛之深，責之切」……

即使，這些要求或話語，可能損及一個人的尊嚴、自信，甚至剝奪其快樂與活下去的力量。

要怪罪這些權威者嗎？那倒不是，而是需要去理解、去檢視。了解在過去與現今的教育中，我們如何對於權威的推崇與過度信任、對於孝道文化的過於認同，甚至「淪為表面」的狀況。

我並非要全盤否定「孝道文化」、「尊師重道」等傳統文化概念；只是，需要去深究的是：這些文化概念所代表、傳達的意義，並非表面上的「老師說的話都要聽」、「爸媽都是為我好」、「要聽話才是好孩子」而已，它所代表的，是不忘本、是感恩、是追本溯源的核心概念。

更重要的是，**即使在這些文化架構下，有一個「關於人與人相處」的重要概**

念，是不能被忘記的，那就是：

彼此身為一個人，有需求，也有感受，應該要被尊重、被理解，而不是被用「你應該」或教條壓抑，使得兩人互動，總只有一個人的聲音。

對於權威者與非權威者而言，兩者其實都算是這種「表面儒家文化」的受害者：非權威者被壓抑、被忽略、無法被尊重，甚至被勒索；而許多權威者，也只學會用這樣的方法，去得到想滿足的需求，卻沒有好好學過另一種溝通的方法：理解對方，並且將自己的需求傳達，而後找到彼此都能接受的妥協方式。

我認為**這個文化背景，更是使得「情緒勒索」在台灣社會如此常見的原因**。

或許，讀到這裡，對於情緒勒索的樣貌，你已經有了基本的了解。但是，我們要如何擺脫情緒勒索呢？我認為在討論「方法與技巧」之前，有一個更基本的部分，是我們深陷情緒勒索其中的人，都需要知道的重要概念，那就是：

癌症心理師的療心錦囊

定價390元

寫給癌症病友與陪伴者的心理照顧專書

請寬恕那個會害怕、消極、沮喪的自己……你真的已經很努力了。

從相伴的珍貴生命經驗中，沛宇心理師整理出癌症心理協助的四大重點，提供實用方法及思考：

病家的人際聯繫 x 病人的心理復原力 x 家屬的自我關懷 x 最後的安寧照顧

病痛沒有人能代受，但，愛可以成為最堅定的守護力量。

衷心期盼本書成為一座幫助溝通的心橋，牽繫起病友與陪伴者，以愛相依，不再孤單。

商沛宇——著（台大醫院癌醫中心分院臨床心理師）

你背負了誰……

——從家庭的原生……關係，療癒代際傷害

大人的外衣下，我們只是內心千瘡百孔的孩子。

未曾消化的童年傷害，被我們不自覺地內化、複製，甚至傳下去；但現在你看見了，你知道自己的選擇，可以和父母選擇的不一樣。

定價330元

定價320元

任何一個受傷的人，都有機會重新開始。

陳潔晧・徐思寧 著

唯有自我價值感提升，才是讓你能夠不再深陷「情緒勒索」的護身符。

怎麼說呢？讓我們再來回顧一下，關於情緒勒索「被勒索者」的特點，你會發現，不論是「想要當好人」、「習慣自我懷疑」、「過度在乎別人感受」、「希望獲得別人肯定」……擁有這些特質的人，都有一個共通點，也就是：**他們多半是自我價值感低落的人**。

如果你是這樣的人，你很難自我肯定，也很難確認自我的價值。你對自己可能會很沒自信，因此就更容易被情緒勒索者的言語所惑，掉入情緒勒索的互動循環中。

因此，本書的第二部分，我們將討論為什麼「自我價值感」會低落，自我價值的重要性，以及如何提升「自我價值感」，做為擺脫「情緒勒索」的重要基石。

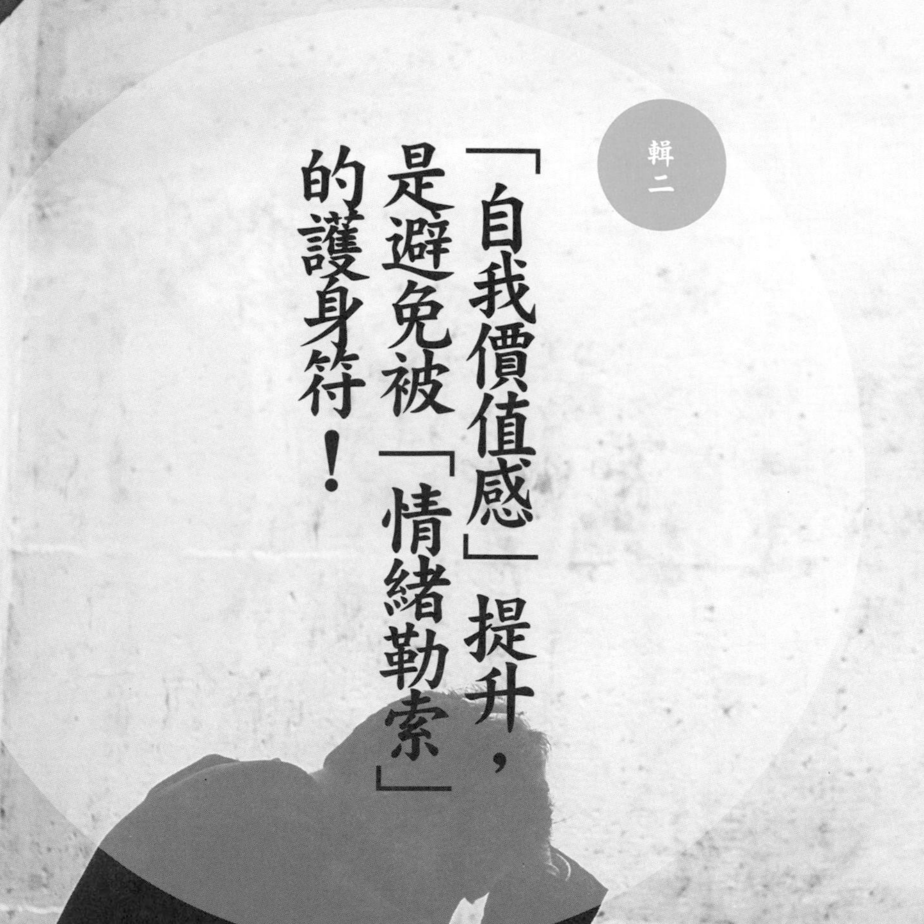

輯二

「自我價值感」提升，是避免被「情緒勒索」的護身符！

「自信」與「自我價值」的分別

「自我價值感低落」，那是什麼意思呢？曾經有個案這麼問我：

「老師，你說自我價值感低落的人，很容易陷入情緒勒索……可是，我覺得自己還算有自信，我對我工作的能力滿有信心的，這樣不算是有自信嗎？這和自我價值感有什麼不一樣？」

自信，是一種「對自己能力的信心」。由於過去的學習、工作與生活經驗，我們得到了一些客觀的成功與成就，或是有一些解決問題成功的經驗，使得我們慢慢累積一些對自己的理解與信心。

「原來做這類的事情對我很簡單」、「原來我可以做到這樣的事情」……從一些客觀的成就中，我們也對自己的能力有一些主觀的想法與理解。這些，就會慢慢累積成我們對自己的信心，相信自己有能力做到、完成一些事情……這，就是自信。

那什麼是「自我價值」呢？

「自我價值」，代表對自我的評估，且接納，以及尊重自我的態度。也就是說，肯定「自我價值」，指的是：

我肯定我存在於這個世界的「價值」；我相信，我不需要總是得做到什麼，或證明什麼，才代表自己是有價值的。**就算我有一些缺點，或是我還做不到什麼，甚至我有時候會失敗……但我都相信，這些事情，是因為我「沒做好」，而不是「我不好」**。只要我好好努力，我相信我可以做得好，而我也不會因為這個失敗，就懷疑自己存在於世界的意義。

也就是說，你願意相信：

「我的存在，就是我的價值所在，我並不需要費力去證明什麼，做到什麼。我的

存在，就是有價值、有意義的。」

也就是：對自己，完全的接納。

自我價值感低落的人，容易陷入情緒勒索的困境中

當然，我也有遇過許多人，他們雖然擁有客觀的高成就，或大量的成功經驗，但是這些客觀的成功，並沒有構成他們主觀認定自己是「有能力成功」的想法。這些成功經驗，反而成為他們「應該要達到的標準」。

他們無法肯定自己的能力，享受自己的成果。只能汲汲營營於一次次的成功，希望藉由這些成功，減低自己的焦慮，讓自己感覺到，自己做得「還可以」，以此維持自我人生的意義。

當「客觀的成功」無法被「主觀的理解」接受時，我們真正的「自我肯定」

就很難累積，很難對自己的能力有一定的信心；因此，面對考驗，我們時常會感到焦慮。

為了擺脫這個焦慮，我們會更努力的去追求「客觀的成功」，與「外在的肯定評價」，以此做為我們賴以為生的標準；因而，這樣的我們，時常會被外在評價給左右。

如果你有這樣的特質：即使你客觀能力再好，你可能都「不覺得自己很好」，都「覺得還好」。但偏偏，每一次的「成功」就是你對自己的標準，因此別人時常覺得你「高標準」、「完美主義」。你也發現，你時常被你的焦慮綁架，沒辦法停下來不要求自己。

這樣的你，可能很習慣自我懷疑，也很希望獲得他人肯定，尤其如果那個人，是個「權威」：他可能是你的老師、教授、主管、某行業的專業人士……

如果，他有些要求，而他有意識或無意識地使用情緒勒索的方式：貶低你的能力、讓你有罪惡感等，習慣自我懷疑與希望獲得別人肯定的你，可能就會因此忽略你自己的意願，努力去達成他的要求與期望。

或許，撇除焦慮，你也大概知道，自己是有能力做到一些事情的；但這些

「做得到」，成為你認為自己「應該要達到的標準」。

如果你達不到標準，或是不小心失敗了，你就會覺得「自己好糟糕」，認為問題就是出在自己身上。如果你成功了，你可能會跟自己說「應該的」，或認為是因為運氣好，或只是因為「我比較努力」，沒辦法好好肯定做到這些事情的自己。

尤其，當別人的要求，與你的需求、感受牴觸時，為了獲得別人的肯定，你可能會放棄自己的感受，反而迎合對方的需求，只為了對方的一句肯定的評價。

因為對你而言，你的人生中，自己的情緒、感受不是最重要的；能獲得別人的肯定與愛，才是最重要的。

只有這樣，你才覺得自己是有價值的。

即使你知道自己或許是有一定的能力；但你的自我價值，卻總是取決於「別人是否可以肯定我的能力」，而不是「我能不能重視我自己的感受」。

如果你是這樣的人，看到這裡，會不會對於這個過度努力，時常覺得不安，要盡力證明自己是「有價值」的自己，覺得心疼呢？

如果可以，好好的心疼自己，也好好的擁抱自己吧！

你能不能愛這樣的自己？能不能對自己說：

「嘿，你做得很好，你辛苦了。你就算什麼都不做，我仍然覺得你是有價值的。我愛這樣的你。」

我愛這樣的自己。

這些話，是你面對情緒勒索者質疑的勇氣來源。

因此，當你面對情緒勒索者時，如果可以，試著問問自己：

「我能不能尊重我的感受？當我不喜歡這件事時，我能不能就拒絕？而不需要擔心、焦慮、恐懼、覺得自己不好或很糟糕？當別人用『你不答應我的需求，我就會貶低你，或是覺得你不夠好』時，我能不能不接受這樣的威脅，而相信一件很重要的事：

只有我自己，可以定義我自己。

當我能夠相信我自己夠好，我就不用總是必須，向這個世界證明什麼。

我需要證明我夠好嗎？不，我不需要。

因為我相信我夠好。」

當你開始練習相信自己「夠好」，存在於這個世界有其重要性與價值，重視自己的需求與感受甚於他人，不會常常委屈自己時，

那麼，你就有足夠的自我價值感與勇氣，去抵抗情緒勒索的手段。

如何相信自己夠好？

或許，在看到「相信自己夠好」的文字時，你可能內心閃過：「我知道，但要怎麼做到？我就是做不到這件事。」

如果你有這樣的想法，我想邀請你感受一下：**「你平常都是怎麼對自己說話呢？」**

多半是鼓勵的語言，還是指責、挑剔的語言？

如果你發現，你對自己說的話，時常是挑剔、責怪、指責的語言。那麼，你很難相信自己夠好。

怎麼說呢？

請你想像一下：

如果，有一個孩子，他身邊的大人，不論是他的父母、老師，總是挑剔他，認為他不夠好，時常嚴厲的責罵他，挑他的毛病。

即使他的外在表現是不錯的，你認為他有沒有自信？他會覺得自己夠好嗎？

我相信，你應該知道，答案是否定的——

不管這個孩子外在表現再好，他都很難相信自己夠好，也難以成為一個有自信的人。他總是會自我懷疑，擔心自己表現得不夠好。

身邊與我們有關的人，對我們的責備，會對我們的自我價值傷害如此之深。

更何況：**如果是你最親近的人，也就是你自己，時常指責、挑剔、責備自己，那麼對自我價值的傷害，將會是多麼的深？**

尤其是：我們總是知道，說什麼話會最讓我們自己在意，最讓我們自己受傷。

而我們會這麼對待自己、對自己說話，**很多時候，是將過往童年時大人對我們說的話，包含父母、老師等，學了起來，內化成我們內心的語言。**

諷刺的是，我們痛恨他人如此挑剔、指責我們，但**我們卻又下意識地認為：**

「唯有如此嚴厲地對待自己，我們才會進步。」

在這樣語言的「洗腦」下，我們不覺得自己夠好，也不相信自己夠好。

所以，如果你願意開始嘗試用不同的方式對待自己，請你練習辨識自己習慣對自己說的話，是否是一些負面的語言？

如果是，請停下內心對自己的挑剔與責備，告訴自己：

「我已經努力做得很好了，我不需要這樣挑剔、責備自己，我也能做得很好。」

如此，你開始願意溫柔地對待自己，你才會願意開始相信：「我是夠好的。」

你的眼睛裡，是否只看得到對方的感受，甚至極為放大，卻忽略了你自己的感受？
即使你受到了相當大的傷害或侮辱，你都會讓自己忽略或壓抑，使自己沒有感覺？
因為，唯有沒有感覺，你才不會在順從對方的要求時，感覺太過受傷、痛。
但那些沒有感受到的傷，並沒有消失，
而是被我們埋在內心深處。

童年對自我價值的影響

童年對於我們「自我價值」的影響是很大的，尤其**父母如何帶領我們理解「挫折」與「失敗」，是一個影響我們對「自我價值」看法的重要環節。**

我曾經在我的粉絲專頁上舉了個我遇到的例子：

在路上，我看到了一對父母與一個三、四歲的孩子在路上走著。孩子看到草地，很興奮地朝草地跑去。孩子看起來應該是小男孩吧，小小的身軀，還沒辦法跑得那麼快，跌跌撞撞地，下一刻，孩子就「仆街」了。

跌倒的孩子，開始哭了起來。父母一邊快速走到孩子身邊，一邊用著穩定的音調說：「沒事，沒事。」然後，父親與母親蹲了下來，很快的檢視孩子身上是否有受傷。「沒事，沒有受傷，沒事喔～～」

孩子還是哭著，媽媽立刻把孩子抱在懷裡，說：「沒事，有點痛痛，但沒有受傷。不過我們下次要走慢一點喔，好不好？」

被抱在懷裡的孩子，立刻就安靜了下來。

媽媽看孩子安靜下來後，放開了小孩，看著他問：「那我們可以走了嗎？」孩子點點頭。

然後，孩子自己一個人繼續往前走，沒有牽著媽媽，沒有奔跑。每一步，看起來穩定了許多。

當時我看到這個情景時，印象非常深刻。

你還記得，當你遇到挫折時，你的父母是怎麼做的嗎？

或是，當你的孩子遇到挫折時，你是怎麼做的呢？

以我這一代或我上一代的父母為例，對待孩子是相對比較嚴厲的。在我們遇到挫折、失敗或犯錯時，有些父母是會責備孩子的，認為孩子不夠小心、不夠努力。

就像是孩子跌倒了，父母沒有先看孩子傷得重不重。或許，可能傷得不輕，但父母還是先把孩子罵一頓：

「誰叫你這麼不小心。」

這句話讓我們覺得：「你會跌倒，是你的錯。」沒有人會心疼你，在乎你的感受。你做錯事了，這才是重點。

你會因此得到父母的臭臉或責備，那對小孩子的我們而言，就是一種，失去愛的感覺。

然後，被罵的孩子，感覺「我」做錯了事。父母生氣了，很糟糕。父母可能會因此生氣、否定我，甚至不愛我……這些，都是因為「我自己做錯事了」，「都是我的錯」！

對孩子而言，「因為我不夠好，我做錯事了，所以我將使父母生氣，甚至失去父母的愛」。天啊！還有比這個更糟糕的事情嗎？

而父母生氣責備自己做錯事，卻毫無詢問孩子是否覺得痛的反應，也讓孩子覺得：自己受傷會痛的感覺，好像「不重要」，甚至是「不允許」的。因為「誰叫你做錯事，會痛，是你應得的懲罰」。

這種痛，不只不被重視、被忽略，甚至，被認為是種懲罰。「原來，會痛，是我的錯」，這感覺實在是太糟糕、太糟糕了。這種糟糕的感覺包含：原來我的感覺是不被在乎的；原來我是否做錯事、是否成功／失敗的重要性遠大於我的感受；原來，我的成功與否，比我這個人還有價值。原來，我做錯事，是因為我很糟糕。

為了抵擋這種覺得「自己做錯事」接連而來的「很糟糕」的感覺，只好把自己的感覺封閉；或是，為了不想再次感受這種「很糟糕」的感覺，他們乾脆把標準變高，以免又被別人責備。

在這樣的過程中，他們會把失敗與犯錯看得非常嚴重，而慢慢變成了一個很容易自我責備、自我要求的完美主義者：永遠覺得自己做不夠，很難接受自己犯錯、自責過度……因此可能自信不夠，自我懷疑。

這些孩子，他們可能有很高的成就，因為自我要求高；但對於自己的看法，永遠覺得自己不夠好，對自己的信心與自我價值感，出乎意料的低。

而某些父母，對於跌倒的孩子，有時候，會非常的關心與擔心。「你有沒有怎樣？你還好嗎？這石頭壞壞。」這種說法，反映了兩件事：一方面，對於孩子跌倒這件事，把重點放在「是石頭讓孩子跌倒，是石頭不好」上，於是孩子沒機會學習：「自己走路的方式是否有需要修改的地方？要怎麼走才不會跌倒」的方法。

另外，父母捨不得孩子跌倒，就算那其實是學習過程的一部分，且孩子並沒有受太多傷。對於這些父母而言，他們希望能夠盡其所能保護孩子，最好孩子不要有任何的失敗，任何的受傷。

在這種環境中長大，這樣的孩子很容易成為別人口中的「媽寶」。面對挫折，他們可能很容易一蹶不振，甚至怪東怪西……遇到挫折與失敗，都覺得是別人的錯。即使有夢想，一遇到挫折，就覺得大概不行，想要躲回自己的舒適圈。

他們不是不願意努力，而是「面對挫折後成功」的經驗太少，很少靠自己的力量克服困難……所以，他們不相信自己有這樣的能力，但懷疑自己，實在是太痛苦了！因此，他們責怪環境、責怪別人，把錯怪在別人身上，可以讓自己感覺好一點，不會覺得自己這麼糟。

而我前面舉的例子中的這對父母，他們在孩子跌倒後的反應與行動，讓我印象深刻。

首先，他們從孩子跌倒的狀況，判斷跌得不重，加上是草地，應該沒什麼事。因此，他們一邊用穩定的聲音安撫孩子說：「沒事，沒事。」一邊快速地確認孩子是否有受傷。

他們準確地判斷孩子跌倒的狀況嚴重與否，並且先用聲音安撫哭泣的孩子。然後，在孩子不停哭泣時，媽媽抱住孩子，而且提醒孩子，可以如何在走路時不再跌倒。

這個媽媽，她沒有因為孩子跌倒而擔心焦慮，反而是提醒孩子，如何可以避免跌倒，然後，她相信孩子的能力，放心地讓孩子自己再試一次。

那種感覺，就像在孩子失敗後，當他沮喪、自責或自暴自棄時，父母理解孩子的心情，在一旁陪伴；但是也讓孩子知道，事情沒有那麼嚴重；在孩子需要時，他們可以安撫孩子，甚至，給孩子一個擁抱，讓孩子知道：

「你放心，不用害怕，我們就在你身邊支持你。」

然後，父母就放手，鼓勵孩子再試一次。這種「放心讓孩子再次面對挑戰」

的態度，就像在傳達：

「孩子，你並不孤單，而且我們對你有信心；所以，放心地去探索這世界吧！」

這種尊重孩子的感受，也信任、支持孩子的態度，會使得孩子知道：「我的感受是很重要的，比任何事都重要。這世界有人這麼重視我的感受。」孩子也會學會重視自己的感受，因而更能容許自己挫折或失敗；學會相信自己的能力，也學會自我支持。

而這種「對自己的信任」與「無條件的接納與支持」，就是增強「自我價值」的力量所在。

文化對自我價值的影響

在實務工作中，面對來談者的情緒困擾。我深深感覺到，台灣文化的價值觀，如何影響我們的父母、老師，又如何一代傳一代地，影響每個人的自我價值感。

聽話，你才是個好孩子

從小，你還記得父母、老師最常說的一句話是什麼呢？

許多人聽到我的問題，告訴我這句話：「聽話，你才是一個好孩子。」而當我在一些演講場合說出這句話時，也引起很多人的共鳴。

許多人告訴我，自己在成長過程中，最常被提醒、被教育：

「應該要聽話。」

「不能造成別人的困擾。」

「聽話才是好孩子。」

自己並不被允許可以思考。按照父母、老師的話去做，是一件最安全，也最容易被肯定的事情。

如果不按照他們的方式做，太按照自己的想法呢？

那麼，大人可能會指責我們破壞了社會秩序，而我們自己的想法與感受，也在這過程中被否定；這也代表自己被否定，代表自己不容於這些大人所訂立規則的社會中。

我們的感覺會是：

「大人要我們不要這麼做，但卻不想了解我們為什麼這麼做。」

於是，**我們不被鼓勵獨立思考、重視自我感受，我們被教育成：按照別人的**

需求去做，才是對的，才是被允許的。

在成長過程被灌輸這樣的「潛規則」後，我們當然愈來愈不敢跟別人「不一樣」，也不相信自己與他人不同的感覺、想法，是「被允許」，或者，是重要的。**如此，我們當然不相信，與他人不同的真實自我，其實是「重要」的。**

而或許，有時候我們身邊的大人，我們的父母或老師，並非完全認為「聽話」才是對的；但是，面對整個社會的主流價值觀，要相信自己的看法、支持孩子，有的時候，也需要很大的勇氣，才有辦法去捍衛、對抗這個社會他人的評價與看法。

我自己在童年的求學時代，也有類似的經驗。

小時候，我是個非常喜歡問問題的學生，時常在課堂上舉手問問題，偏偏我的問題又千奇百怪。老師對我很頭痛，認為我是故意找他麻煩，於是時常與我母親聯絡，向我母親抱怨「我不乖」。

我母親是一個很在乎他人看法，重視「以和為貴」的台灣傳統婦女，因此聽到老師抱怨後，她覺得很困擾。

一方面，她知道我本來就是個求知慾很強，很愛問問題的孩子。雖然她覺得這不是什麼很嚴重的事情；但另一方面，面對老師提出「我不聽話、我不夠乖」的這件事，又覺得好像身為「負責任家長」的她，是應該處理的。

好像我需要「夠乖」，才能被這個社會所接納。

當時，我剛好也在一家美語補習班上課，課堂老師剛從國外學成歸國。她向我母親稱讚我的學習態度，認為我敢發言，又敢問問題，很願意表達自己的看法。她認為這是一個非常棒的特質。

當時我的母親，其實對於如何教育我是非常兩難的。她並不希望我因為別人的態度與要求，使得失去我自己的個性特質；但是在面對社會的主流價值、面對老師，她也會擔心：如果讓我太保有我自己，會不會被這個社會排斥呢？

究竟怎麼做，對我才是好的？才不會過度保護，但又不會太過限制我？

這位美語老師與我母親的一番深談，讓母親豁然開朗。後來，母親跟我轉告了這位美語老師對我的讚美與鼓勵，而輕描淡寫地帶過了學校老師對我的批評與抱怨。

我很感謝這位美語老師，以及我的母親。他們都用他們的方式展現出他們的勇氣，並且保護我，讓我能夠在「自我」還不夠強壯時，有機會「保有」它，讓它能夠慢慢成長、茁壯。

而他們對我特質的支持與肯定，也讓我從這些願意支持我的人之中得到勇氣，去面對這個社會對我保有自我的「不認同」，使我能夠捍衛自我，讓我能夠當一個「不夠乖的孩子」，也能夠保有一定的自由。

或許，在過往的經驗，你沒有機會當一個「不夠聽話」的孩子。但是，現在的你，已經長大了，你是否願意給自己勇氣與機會，讓自己擺脫「應該要當聽話的孩子」的價值觀，讓自己能夠展現更多「真實的自己」呢？

當「真實的自己」得以展現，自己的感受與想法可以被看見，被自我接納，你就會更有勇氣，讓別人看到這樣的你，而且更有機會，遇到願意接納、支持「真實的你」的人。

那麼，你也更能肯定、相信：真實的我，是值得被重視，也值得被愛的。

你應該「總是要更好」

「好，還要更好」、「一山還有一山高」、「人外有人，天外有天」……這些句子，你是否耳熟能詳？

或許，我們都有過經驗，從我們小的時候，我們就不停被提醒、被要求：

「你需要做得更好。」

「如果你有能力做到這樣，那你應該更努力做到那樣，否則就是你不對、不夠努力。」

「不能滿足現在這樣的成就，你應該要一直看自己不夠好的地方，一直努力，否則就是怠惰。」

我們被這麼要求，活在「永遠不夠」的生活中。

我們被覺得「永遠不夠」，不管做得再好，都是可以再更好的。

我們不被允許滿足於自己做得好的部分，因為這樣太過「自滿」，不會「進步」。

我們被要求應該要一直「自省」，一直挑錯，直到無可挑剔為止。

問題是，永遠不會有無可挑剔的一天，因為「好，還可以更好」，因為「永遠不夠」。

布芮尼・布朗博士，在她的著作《脆弱的力量》一書中，談到了「永遠不夠的文化」特色，以及對我們的影響。

她談到在這種「永遠不夠的文化」中，人們的「匱乏感」會特別的強，為了減輕因匱乏感產生的焦慮，我們感到自卑，所以我們學會比較，甚至抽離自己的情緒，藏在自己所建造的面具或盔甲後頭：我們習慣當「旁觀者」，學會不要太過認真投入一件事，或是表現得太過在意一件事，因為「認真就輸了」，因為那不夠酷。

那種「真實的掙扎」會讓我們覺得害怕，感到脆弱，會讓我們覺得，自己的認真會被別人嘲笑，那會讓最後如果得不到目標的我們，覺得自己很「沒有用」，沒有能力，非常糟糕。

我們覺得羞愧，覺得自卑，所以，我們害怕展現「真正的自己」。

於是，匱乏感與自我價值低落的自卑，成為一種「雞生蛋、蛋生雞」的過程，**因為「自卑」讓我們覺得匱乏，而「感覺匱乏」更讓我們覺得自卑**，覺得自

己不夠好。

於是，我們在「永遠不夠的文化」中，在匱乏感中載浮載沉。**因為急於擺脫匱乏感，我們習慣「比較」，用「比較」當作標準**，確定我們還少什麼，然後努力去追求。我們「抽離」，避免讓人覺得我們在意什麼。如此，就算沒有達到那些目標，至少，我們還保有「面子」。

然後，這種「永遠不夠」的匱乏感，讓我們永遠不知道自己擁有什麼，永遠不覺得滿足，永遠覺得自己不夠好……於是，就算我們做到了什麼，在掌聲與他人豔羨的眼光之後，我們感受的只有空虛。因此，我們唯有一次次的「糾正」、「填補」自己的不足，直到完美。

只是，永遠不會有完美的一天。於是，我們永遠感覺到焦慮、不足，永遠不滿意自己，永遠看到別人有比我更好的東西，永遠覺得自卑，覺得自己不夠好。

你不該犯錯，你需要完美

在這種「永遠不夠」、需要「不停挑錯，讓自己變得更好」的文化中，我們理所當然地不被允許犯錯，並且應該要追求完美。「必須變得更好，甚至追求完美」的壓力下，犯錯也就顯得更加罪無可恕。

我身邊的朋友曾經跟我分享一個經驗：

有一次，當他跟朋友去餐廳吃飯的時候，隔壁桌的小孩不小心碰撞了他們的桌子，於是，他的杯子瞬間掉下來，摔得粉碎。

當場，全餐廳的人都往這邊看過來，服務生迅速跑過來，而隔壁桌的父母沒有做任何表示，他記得他當時反射性的第一句話是：

「不是我弄的。」

當他反射性說出這句話時，自己也覺得嚇一跳：「怎麼我第一個反應，是要先說這不是我的錯呢？」

回家後，他好好想了這件事。他發現自己時常對於生活中的一些小錯「過度反應」，包含伴侶不小心把水弄倒，或是東西掉下去等，他的反應都很劇烈，而

且第一時間就要先說：「不是我弄的，這是誰的錯？」

而當他自己不小心犯小錯或弄倒東西時，自己也非常害怕，甚至生氣。有時他甚至會想要把錯怪在伴侶身上，覺得是因為伴侶沒有把東西放好，才使得他弄倒之類的。

有一次，伴侶看他這樣，忍不住對他說：「我覺得這沒有什麼大不了的，弄倒了，擦一擦就是了。人沒有受傷，才是最重要的。就算犯錯，這又不是什麼大不了的事情，有必要這麼在乎誰對誰錯嗎？把狀況復原，確認重要的人是安全的，不是最重要的事嗎？」

聽到伴侶的話，加上這次的經驗，他忍不住反問自己：「我怎麼會這樣呢？」於是，他試著勇敢面對自己的感覺，那種「犯了小錯」的事件發生後，自己的內心感受究竟是如何呢？

他發現，當他犯錯時，心中立刻湧上的是罪惡感，甚至羞愧感。他感覺到的是：「我做錯事了，不只是我做錯，我做不好，而是『犯錯的我根本就是不好的』。」

他發現：他深深覺得犯錯的自己是糟糕的。

在勇敢地、更深入地回溯後，他記起小時候，當他犯錯時，父母總是很嚴厲的責罰他，不管是破口大罵地責罵，甚至是責打。

其實，現在的他，已經記不起當初到底犯了什麼錯，但是，「每當犯錯，就會被破口大罵、被責打」的恐懼，深深印在他的心裡；他也慢慢發現，原來在他內心，一直相信著：「犯錯，就代表不好，代表可能讓別人失望，甚至不被愛，所以，人，必須是完美的。」

這種「必須完美」的念頭，或許讓他事事要求高標準，**讓他達到了一定的事業成就，卻也讓他放棄了自己的夢想，放棄嘗試一些他想做的事情**，因為他並不確定：「如果去嘗試這些我喜歡但不熟悉的事情，我真的有能力達到目標嗎？我是否還可以完美？」

如果我不完美，大家或許就覺得我糟糕、不夠好。

那是一件非常可怕的事情。

當我朋友跟我分享這個經驗時，我覺得他的描寫非常的深刻，對於他勇敢面對自己感受的這部分，我也覺得非常了不起。

畢竟，那是一種很真實、深刻的恐懼，而躲在「完美主義」的背後，其實比

較安全，可以讓自己顯得不那麼脆弱。

而且，「完美主義」這個詞，在這社會中，其實是褒義大過貶義的。躲在這個詞後面，就可以不用直接面對那些「不確定的挑戰」可能帶給自己的不安與無能感，也不必面對那對以至於讓我們感覺「自己不夠好」的脆弱情緒。

尤其是，執行「完美主義」，其實能讓我們覺得有些許的「控制感」，那就是：「當我已經把自己挑錯到極致、做到完美時，這也代表你沒有機會可以嫌我，或說我不好。」

這就是「完美主義」最棒的功能：讓我不用總擔心別人覺得我不夠好，所以我要未雨綢繆，先準備好最完美的狀況。

所以，我們無法忍受自己有「不完美」、「可能失敗」的部分，因為那就是「不夠好的自己」，那是不能被接受，應該被剔除的。

偏偏，**那個「可能犯錯的自己」，其實是最真實而勇敢的，那個「完美的自己」，是一個符合社會期待，戴著面具與盔甲的「假我」**。

我們愈相信自己必須完美，就愈不允許自己犯錯，更不能允許自己顯露出那個「真實、可能犯錯」的脆弱自我。

而後，我們離自己愈來愈遠，不相信「真實的自己」是能夠被喜愛、被接納的；畢竟，「連我自己都不接受了，哪還有人可以接受呢？」

這種**「追求完美，不允許犯錯與失敗」的文化，也使得我們失去創新的勇氣與能力**，我們很容易放棄夢想，只能遵循著被社會認可的路，一步一步走向別人為我們安排的目標。

但事實上，犯錯是常有的事情，當我們能夠將「事情」與「自我」分開，我們才有能力更清楚真實自己的樣貌。

即使我們能力很好，我們仍然可能犯錯；而**犯錯或失敗，只是因為我做不好，並非我不好**。

權威，永遠是對的

在我們的文化中，不管是在家庭，或是在學校，都相當強調「權威」的正確性：

你應該要聽父母的話。
你應該要聽老師的話。
父母、老師的要求都是為你好。
不能去質疑父母與老師的權威性。

甚至，為了維護這個「權威」的正統性，我們使用很多「道德規範」，更甚者，還有「校規罰則」，來威嚇、懲罰不遵從權威的人。

例如：

你不聽父母的話，就是壞小孩，就是「不孝」。
你不聽老師的話，就有校規等，你會遭受懲罰。
你應該要「尊師重道」；你應該要「孝順」父母。
你應該要聽話，不能造成「大人」的麻煩。

一旦我們的想法與權威不同，想要按照自己的方式去做，可能就會受到各種阻礙，不管是實際上權威的否定，抑或是我們內心習慣性地認同權威的「正確性」。

在過往經驗中，**我們甚至被這樣的教育文化養成一個習慣：「『權威』有資格決定我們的價值。」**

所以，當我們想要「做自己想做的事情」，甚至「重視自己的感受與需求」，而此與「權威」相悖時，我們很可能會很擔心「權威」的評價和看法。很多時候，我們甚至會因為「權威」否定了我們的想法，或是，否認我們的感受，因而感覺痛苦不已。

痛苦的是：理性來說，我不認為「權威」的否定是正確的，但長久下來的習慣，又讓我覺得，好像不按照「權威」方式做的我，是不對的。我的感受，也好像是錯的、該被抹滅的。

在這樣的教育下，當我們長大之後，到了職場，上司、老闆與主管，成為我們的另一個「權威」，他們決定我們應該怎麼做，我們做得對不對。

老闆如果有要求，不達成的話，就代表你不夠認真、能力不夠。因為職場的潛規則是：「你需要當一個在職場上抗壓性高、很負責任的人，那代表老闆的要求，你應該要達到，否則你就是草莓族。」

按照老闆或主管的「吩咐」做事情，是理所當然的。即使他的要求不合理，

很可能他是「為你好」，而礙於這種「上對下」的權力位置，我們敢怒不敢言，沒得反抗。

因為，我們已經很習慣在這樣的位置上，被要求、被規定、被責難。於是，就好像「權威」永遠是對的。在「權威」的要求下，我們就像在食物鏈的底端，不能做自己，也不能違抗權威的要求，否則就是「不識好歹」、「自以為是」；甚至，我們連「受傷的感覺」似乎都不能有，我們需要合理化自己的痛苦，「理解」對方不合理的要求，過度嚴厲，甚至人身攻擊的言詞與責罵，都是「為我們好」，因為「棒下出孝子，嚴師出高徒」，而且「愛之深，責之切」。

我們變成，需要花很大力氣去「美化」權威者對我們的傷害與不尊重，藉此讓受傷的自我「可以感覺好一點」，也唯有這樣，我們才能繼續在這樣的環境中忍受、生存。

而我們卻忘記，一件對我們而言，非常重要的事：

「身為一個人，我們有感受，也有需求。我們應該要被尊重、被理解，而不是被

『你應該』的教條壓抑，使得兩人互動時，只有一個人的聲音。」

實際上，就算是與權威互動，仍然是兩人關係。在人與人之間的關係裡，人生而平等，即使職位、身分不同，但彼此都是一個獨立的個體，需要互相尊重、理解。

可惜的是，**我們的文化，教我們如何對權威者「順從」，卻忘了教導我們，如何學會「尊重別人」，以及如何學會「不讓別人不尊重地傷害我們」**。

而當我們僅從文化與權威者那裡學會「順從」，以及「權力位階低的人就該被壓迫」時，我們自我的價值將所剩無幾。日後，當我們成為權威者時，是否也會這樣去要求別人順從？以展現自己的權力、自我價值？

我認為這是很有可能的。

但實際上，「尊重別人」的行為，才是「展現自我價值」，也讓別人感受「自我價值」的最有力表現。

請試著問問自己：

「我總是擔心自己對不起別人，但是，我對得起自己嗎？」

那時，或許你才會看得到，深埋在你內心深處的委屈與傷痛。

要如何提升自我價值感？

練習重視自己的感受

前文提到了「自我價值感」作為擺脫「情緒勒索」的重要基石，更甚者，我們可以說：「自我價值感」，是每個人感覺到生活幸福滿足與否的重要依據。

而許多感覺到自我價值感低落，並深深被這感受啃噬著的人，都曾問我一個問題：

「老師，如果我的困擾最主要是因為『自我價值感低落』，那麼，我要怎麼

『提升我的自我價值感』呢？是否我應該要去完成很多成就？挑戰很多不容易做到的事情？」

我想，這應該是很多人的疑問。畢竟，要提升自我價值感，提升自信，好像是一個非常模糊抽象的概念。

我的答案是：「不需要做那些，**你只要練習『重視自己的感受』就好。**」

「練習重視自己的感受」？

或許你會好奇：為什麼「重視自己的感受」這麼重要？又為什麼「重視自己的感受」就能夠「提升自我價值感」？

請想像一下：你的生活中，是否時常以他人的感受為主？你是否時常為了他人的感受和需求，忽略了自己的感受，委屈了自己？

或許你可以感受一下：在這過程中，你不停地注意、放大，甚至滿足他人的感受與需求。可能，**你的能力會變得愈來愈強**，畢竟要滿足他人的需求，你需要具有一定解決問題的能力，但換句話說，**你卻也會愈來愈覺得自己不重要**。

畢竟，如果你總是重視他人的感受，把他人的需求放在第一位，常常委屈自己去滿足他人……久而久之，你就會感覺自己的感受與需求是「不重要的」，而

自己好像也是「不重要的」。

而他人也可能在你的「好配合」中，忽略了重視你的需求與感受。

畢竟，如果連你都放棄了捍衛自己的感受與需求，他人又怎麼有責任與義務去注意到呢？

但是，當你開始練習重視自己的感受與需求時，你開始學會照顧自己，開始感覺到自己是重要的，而非與他人互動過程中的犧牲品。

當你開始重視、尊重自己的感受時，你開始懂得表達，懂得拒絕，懂得為自己的權益發聲。你會感覺到自己更有力量，更有勇氣，而更感覺到自己的重要性。

而他人，也會在這過程中，聽到你的表達與拒絕，學會了解你，也學會用你想要的方法尊重你，與你互動。

有時候，如果我們時常覺得別人忽略我們的感受與需求，我們必須先知道一件事：

> 當我們不表達自己的感受與需求時，別人可能並不曉得我們需要什麼，而「忽

略」就成為理所當然的事。

那不一定是他人的「惡意」，而是因為我們的「擔心」。當我們過度擔心「如果我表達出我的需求，別人會不會因而討厭我，或覺得我不好相處」，這種想法反而過度放大了「表達需求可能造成的不好後果」，也顯示我們對他人沒有太大的信任。

也就是說，我們內心擔心自己不夠有價值，不值得別人為我們付出關心、注意、時間與力氣。我們擔心自己不夠有價值，所以當別人需要為我們做什麼，我們覺得這對別人而言都是一種「麻煩」，所以我們害怕要求，以免被拒絕。但當我們不要求，而對方也因此沒有注意到我們需求時——

我們於是失望，更感覺自己是沒有價值的。

但或許，對方其實是想為我們做些什麼的；只是，他不知道我們需要。

因此，**練習重視並表達自己的感受，不只是捍衛自己的權益；更重要的，我們也在展現對這個世界與他人的信任：**

我相信你是夠重視我的，我相信你是重視這段關係的，所以當我表達時，也代表我相信你願意尊重我這個人。

而當你展現出你的信任，你會發現，你的內心也充滿力量。

當然，有時，對方可能不領情，他們可能會因為你的表現而覺得受傷，因為你再也不是那個把他們放在第一位的人了。所以他們也可能會攻擊你，會要求你仍需要把他們的需求與感受放在第一位。

這時，你就更應該了解一件事：

當兩人互動關係淪於只有一個人可以表達感受，或只為了滿足其中一人的需求時，這段關係已經不再平衡、不再健康。

你願意信任對方而表達你的感受，那是你的勇敢。**當他不願意接受你的感受時，那仍然不是你的錯，因為你仍然可以表達出你的立場**，表達出至少你「不想要犧牲自己感受與需求而去滿足他」，這就是展現了：你開始有勇氣去為了自己捍衛權益，學會保護你自己。

或許你會問：「這是自私嗎？」

但實際上，你保護、尊重自己的感受與需求，並未要求他人犧牲自己的需求去滿足你，所以這並不是自私；但若他人要求你為了他的感受與需求，而犧牲你自己的，這就是他的「自私」。

因此，**在不侵犯、傷害他人權益的基礎下，去重視自己的感受與需求，是一個尊重並保護自己的展現，也是提升自我價值的一個最好方法。**

學習了解自己

或許，在過往的經驗中，你沒有什麼機會「重視自己的感受」，沒有什麼機會「知道自己喜歡／不喜歡什麼」。

可能在長期必須壓抑自我感受，以配合別人的生活中，你已經習慣把自己縮得好小、好小，已經習慣忽略，淡化自己的所有感受與需求。

前面提醒的：**「練習重視自己的感受」，正是要你開始練習「把自己找回來」**。

如果你無法感受，你就不曉得你喜歡、不喜歡什麼；你不會曉得，什麼會讓你不舒服、什麼時候你會生氣、什麼事會讓你難過受傷……

當然，你也就不可能會知道，什麼會讓你快樂。

開始「重視自己的感受」之後，你可以開始像重新了解一個「老友」一樣，重新開始了解自己。

或許，一直以來，面對別人的侵犯界限，或當你出現負面感受時，你已經很習慣自動化的壓抑、淡化，甚至忽略那些不舒服的感受。

在過往經驗中，那是讓你可以繼續生存下去的「生存策略」，但是，這個生存策略，或許已經造成你現在生活的困擾：你可能愈來愈沒有感覺，也感覺不到快樂與生存的意義。

因此，開始調整你的生存策略，重新像孩子般的認識自己，認識這個世界。對於現在的你，就是一件非常重要的事情。

當你出現不舒服的感覺時，你已經知道你會有一些自動化的反應，有時我們會將此稱為「防衛機轉」：壓抑、忽略、淡化、合理化、逃避……如果你開始意識到你有這樣的習慣，當你出現不舒服的感覺時，你可以這麼做：

先練習停在這個感覺，感受不舒服，感受自己的生氣、沮喪或難過受傷……那是不舒服的，但當你想要「逃走」時，請你跟自己說：

「雖然這讓我不舒服，但我想我還是可以忍受。」

從日常的小事開始，練習感受會讓你覺得舒服或是不舒服的感覺；而遇到不舒服的感覺時，請嘗試停留，或是**試著書寫下來，問問自己：**

「這種不舒服的感覺是什麼？我怎麼會覺得不舒服呢？」

讓自己在這樣的過程中，好好體驗自己的感受與情緒，進一步了解自己。

如此，你對自己的情緒覺察會愈來愈快速、深入，當你愈尊重自己的感受，不再壓抑與忽略時，你也將愈來愈了解自己，開始感覺自己與這個世界的連結愈來愈深，也會讓你感覺到自己存在於這世界的意義。

自我接納的重要性

或許你有過這種經驗：

「我覺得我應該要『替別人著想』……不應該為了這些小事而心情不好……我不喜歡自己這麼『自私、愛計較』……我不喜歡自己這樣……」

上面的句子，括號內的文字都可以替代成各種價值觀。或許你曾經這樣，覺得自己應該做到什麼，而又討厭自己做不到什麼，因而在心裡，對自己有諸多批評。

覺得某部分的自己是令人討厭，無法忍受，甚至想要否認它是存在你體內的，所以你用力地批評它，想要「糾正」它。

很多時候，這也可能是我們會想要心理諮商的理由。

「老師，我想要心理諮商，我想要改變，想要讓自己更好！」

很多時候，我們想要讓自己更好，這想法是一件很棒的事情。但如果因而一直認為現在的自己不夠好，甚至否定現在自己所擁有的特質，這反而會造成一個很嚴重的，我們並不想要的結果——

可能會讓我們陷入「自己很糟糕」的羞愧感中，而很容易自我價值低落。

因此，我一直強調「自我接納」的重要性。

一提到自我接納，很多人的反應都會很驚訝：

「可是，我就是覺得自己很糟糕才要改變，但是如果我『自我接納』，不就對自己太好？不就會太過寵溺自己？然後就會都沒辦法進步、沒辦法前進？」

認為「自我接納」可能會「對自己太好」、太過「驕寵自己」等，有這樣想法的人不在少數。或許，你正是這樣的人。

曾經，我也是有這樣想法的人。

回顧過往的成長經驗，不管是在家庭，或是在學校，我們受到的教育，或者是「不打不成器」，或者是「嚴師出高徒、棒下出孝子」，在這過程中，我們一直都被灌輸著：

「如果你想要進步，你需要不停地責備，鞭打自己，你才可以愈來愈好。」

所以，**我們從來沒有學會，如何接納自己的各種特質**。一旦我們所擁有的特質可能帶給我們困擾，或是不符合這個社會的期待，我們都有可能會否定它，甚至想要捨棄它。

但我想邀請大家想一想：

過往被嚴厲責備、責罰時，你的感覺與想法，究竟是如何呢？

究竟，我們的特質，是否有因為那樣的責備或責罰而改變？還是說，最後真的有所改變或成長，其實是因為我們在生活經驗中的學習與磨練？如果是後者，事實上，**這是出自於我們本身的意願，而並非被責備的恐懼**。

甚至可以說，有時候，我們會因為自己的責備、否定與外界的期待，使得我們可以「演出」我們改變了：我們可以扮演成另外一個人，就像是遇到產品檢驗時，特別被選出送去檢驗的，符合標準的產品。

但是，我們的內心卻會因而愈來愈空虛，即使我們被蓋上「檢驗合格」的印章，我們都知道，那不是真的，是假的，是我們扮演出來的「假我」。

於是，我們會因而愈來愈討厭自己，討厭需要扮演成別人的自己，討厭只喜歡「假我」的那些人。然後，我們愈來愈沒自信，因此也愈來愈需要得到別人肯定的聲音，所以，我們更難放棄這個「假我」，更相信真正的自己是沒有人肯定與喜歡的。

這，就成為了一個「自我價值低落」的惡性循環。

實際上，當你扮演「假我」時，你並沒有機會讓別人認識真正的你，也沒有機會讓別人表現能夠接納真正的你自己。

而如果你都無法接納「真正的自己」，那麼，你當然更害怕讓別人看見、認識真正的你。

想像一下，或許你曾經有過這個經驗：

當有一個人，他愛你如是。你不需要成為任何人，他喜歡你，就因為你是你自己。

想到有一個這樣的人，可能會讓我們內心充滿力量，而願意為了他，變成更好的人。

「因為，這個人相信我，也接納我。」

如果一個他人，對我們的接納，都可以帶來這麼驚人的力量與改變。那麼，如果與我們自身最接近的「我自己」，願意接納「我就是這個樣子」，沒有任何的評價、批評：接受我們就是現在這個樣子，有做得到的事，也有還很困難做到的；會有很棒的部分，但或許也有脆弱的一面。

「這就是人，這就是我。而**我願意接納我自己的每一個部分，因為，這就是我。**」

那麼，這些接納與信任，帶給我們的肯定、支持與穩定的力量，絕對是超乎我們想像的。

因此，**學著「自我接納」，停止評價與批評自己**，這是相信自己，提升自我價值，並且給予自我「勇氣」，抵擋情緒勒索的重要方式！

練習表達自己的感受與需求

當你開始重視、接納自己的感受時，你已經開始奠定了「提升自我價值」的基石。

為了讓這個基石更穩固，請開始練習做一件事：

「學會表達自己的感受與需求」。

或許你看到「學會表達自己的感受與需求」時，你內心有很多小劇場跑出來：

「可是，我如果說了我的感受，對方可能會生氣、會討厭我……」或者，你會擔心，因為你把你的感受說出來，可能會使得當場氣氛不是這麼和諧，甚至可能會造成一些衝突。

這些都是你想盡力避免的事情。一直以來，你都希望能夠維持氣氛和諧，希望讓別人心情愉快，因此，你習慣隱忍自己的感受，去盡力配合別人，順應別人的需求。

這些感受，忍久了，你就忘了，而它也好像沒這麼重要了，甚至，好像就沒有了。

慢慢地，**你失去的，不只是你的感受，而是你這個人的「重要性」**。一旦你的感受「不重要」，你這個人，好像，也「沒那麼重要」了。

要找回「自我價值」，前面所提的：練習重視自己的感受，學習了解自己與自我接納，是「找回感覺」的第一步。而，如果要讓這些「感受」能夠更被注意與接納，那麼，**練習「表達自己的感受與需求」，就是讓你學會：除了讓我們看到自己，也練習讓別人看到我們**。

當我們鼓起勇氣，把自己的感受與需求讓別人知道，這不但代表著，我們開始接納自己，勇敢讓別人看到「我自己」，也代表：

別人終於有機會看到你，了解你的感受與需求，然後，學著理解、接納你。

當你練習表達自己的需求與感受，你也讓別人有機會表現「尊重你的感受」，有機會感覺，原來，別人覺得我的感覺、需求是重要的，原來，別人是願意配合我的。

但的確有時候，我們也會遇到一種狀況：對於會表達感受與需求的我們，別人覺得不習慣，甚至覺得被冒犯，於是試著想要「扳正」我們，想要我們變回那個配合度高，沒有聲音的自己。

如果發生這種狀況，你要清楚一件事情：

我表達我的需求與感受，是沒有錯的。

在不傷害人的前提之下，我的人生，是用以尊重自己的感受，滿足自己的需求，而不是來滿足別人的。

我的感受，如果連我自己都不尊重，那就更不可能有別人會懂、會尊重了。

因此，**你的練習表達自己需求與感受，其實也是練習拉起你的「界限」**。你的表達，才能讓別人知道：這界限之內的是我的領土，你需要尊重我的感受；而我的感受，正是你不能侵犯的範圍。

如此，別人才有機會練習尊重你的「界限」，練習尊重你的感受，而在這過程中，你也才有機會，感受別人的在意與自己對別人的重要性。

你也才能有機會感受到：原來，我是個有價值的人，是個重要的人。

尊重別人的感受

在學會尊重自己感受的同時，我們當然才能學會一件事：

尊重別人的感受。

當我們很在意別人感受，但卻不習慣尊重自己感受時，面對別人的感受，我們的內心很可能是有情緒的：「他怎麼會因此覺得不舒服？怎麼會這樣就生氣？」

當我們不習慣在意自己感受，而習慣在意別人感受時，這就會出現一個困難：

我們會太習慣替別人的情緒與感受負責，太希望別人「情緒可以好一點」。

當別人感受不好時，會影響、感染我們，我們會下意識地覺得：

「他的情緒，好像是因為我？」或是「我應該趕快讓他好起來……」

當我們有這種想法時，如果沒有立刻採取策略來面對這個他人的情緒，我們可能就會感覺到自己不好，自己很糟糕。

這種反射性的想法，在我們面對他人情緒時，就會立刻跑出來，是我們的「習慣」。因此，**當身邊的人出現情緒時，我們可能會戰戰兢兢，然後，我們可能會採取一些策略：討好、逃避、說服，甚至憤怒**。

這四個策略，多出現在下意識認為「別人的情緒是因為我，我有承擔別人情緒的責任」的人身上，非常重要，因此，讓我們來分別討論這四個「情緒因應策略」：

・討好

當你面對他人情緒時，不管原因是不是因為你，就算理性、客觀上，你知道他的情緒可能跟你無關，但你仍會下意識地覺得緊張、害怕。

或許，過往的經驗，你總是用討好、幫對方忙的方式，去安撫他人的情緒，因此長期下來，在面對他人的情緒時，你很可能也會用一樣的策略，去討好、安撫別人，希望別人感受好一點。

使用這種情緒因應策略的人，其實是特別容易陷入情緒勒索的循環當中。

當他人只要使用較為明顯的負面情緒，可能就會造成你很大的焦慮，你可能就會願意為了安撫他的情緒，讓他情緒變好而做任何事。

因此，當情緒勒索者，發現只要他對你出現很大的情緒，你就會願意滿足他的需求時，他就會繼續用他的負面情緒勒索你，而你也會習慣性的使用「討好」的策略，來安撫自己的焦慮。

・逃避

或者，也有一種可能：

因為面對他人的負面情緒，對於我們而言，總是會讓我感覺到「自己很糟糕」，好像是自己讓對方生氣的，這感覺實在是太差了！因此，我們可能會試著使用一些「逃避」策略，讓我們有機會不需要直接面對他人的負面情緒。**這些逃避策略包含：情緒隔離、離開現場、搞笑、顧左右而言他等。**

有時候這種逃避策略，是讓我們爭取多一點時間，思考他人情緒對我們的影響，以及自己應該能夠如何因應。但如果這個逃避策略，已經成為自己面對他人情緒的習慣模式，很可能會讓自我與他人間出現隔閡，甚至很難有深入的人際或親密關係。

為什麼呢？因為，當我們太過害怕他人的情緒，我們無法分辨：他人怎樣的負面情緒是會傷害我的；而怎麼樣的「他人負面情緒」，其實是讓我知道他的感覺，而有助於溝通的。

我們將會一視同仁地脫離、跑開，只求能夠不需面對他人的負面情緒，因為習慣承擔他人情緒的自己，會在其中感受到「自己很糟糕」的感覺。

那是我們都不想要經歷的感受。

因此，**時常使用「逃避」策略的人，雖然會讓身邊親近的人，覺得他是「不在意」別人的感受，但很多時候，反而是因為他們「太在意」別人的情緒**，甚至

習慣性地覺得別人的情緒可能是自己造成的，應該是自己的責任（通常，這可能是童年或與過往經驗有關），但實際上，他們並不想要負這個責任，因為他們覺得自己應該沒有能力讓別人情緒好一點時，他們可能就會長期採取「逃避」策略，來因應他人的情緒。

・說服

有時候，當我們的看法或做法與他人不同時，對方可能會因為價值觀的不同而有一些反應與情緒，這些情緒多半是負面的。

如果我們太習慣替別人的感受負責任，我們很難尊重別人與我看法不同時，可能會出現一些屬於他的負面情緒。因為，他的負面情緒讓我壓力太大了，甚至會讓我覺得不被認同，因此，我會想要扭轉、想要解釋、說服他接受我的價值觀……而當對方無法接受我的說明與價值觀時，我就會覺得非常挫折、沮喪。

這種狀況其實時常出現在親密關係與家庭關係中。我舉個例子：

成年的孩子回到家，因為工作上的挫折、被老闆罵，因此心情不好，臉色很難看。

父母看到孩子臉色這麼難看，知道原因後，忍不住對孩子說：「被老闆罵是常有的事，想開一點就沒事啦！」

沒想到說完了之後，孩子根本沒有被安慰，還是心情很不好，對父母說：「你們不要管我啦！」

結果父母就說：「對父母講話態度應該這樣嗎？而且你這麼一點小事就擺臭臉，真的是抗壓性很差！」

原本父母是想安慰孩子的，但卻變成罵了孩子一頓，讓孩子心情更差，發生了什麼事？

這就是標準「父母幫孩子承擔了情緒責任」的例子。

看到孩子心情不好，父母下意識覺得「讓孩子心情變好，是我的責任」，因而很難忍受面對孩子心情不好的內心焦慮，所以，父母用自己習慣的方式去做：用「說服」去讓孩子接受父母的價值觀，放棄自己的感受，然後孩子的情緒就會好起來。

很明顯地，父母的「說服」無效。處在沮喪情緒的孩子，只想要一個人靜一靜，**而發現「說服」策略沒有用的父母，就變得沮喪、挫折，「覺得自己沒有成功讓對方情緒變好」，因此感受到自己的無能。**

然後，**為了保護自己，不讓自己感覺這麼糟，父母變成對孩子生氣。**

因為當我對你生氣，代表是讓我有這種挫折感的「你」不好，而不是我不好。

「憤怒」就成為與親密他人情緒界限模糊時，很常被使用的因應策略。

下一段，我會更詳細地說明，關於「憤怒」這種情緒因應策略。

・憤怒

「憤怒」這個情緒因應策略，是「習慣承擔他人情緒責任」的常見因應策略。

有時候這種憤怒，不一定會直接表達出來，但是它會變成一種「煩躁感」，讓我們覺得煩躁不安，最後化成「憤怒」的方式表現出來。

我舉兩個例子說明：

最近因為工作關係，為避免舟車勞頓，小文搬離了住了二十幾年的家，搬到離公司步程十分鐘的地方，賃屋而居。小文知道和自己相依為命的母親一定會很不習慣，因此每個週末都會希望自己能夠回家一趟，陪媽媽吃吃飯。

每次回家，媽媽都非常開心的準備很多小文愛吃的東西，而隨著時間愈晚，愈接近小文要離開的時間，媽媽就會開始長吁短嘆，有時可能會說：「唉！養兒女有什麼用，對他們再好，都還是會丟下你。」有時甚至，媽媽什麼都不說，只是突然看著空蕩蕩的房子，嘆了一口氣。

那時候，小文都會覺得感覺非常不好。於是，她發現她愈來愈容易對媽媽煩躁，尤其是當媽媽表現出落寞或悵然的時候，自己可能因此會煩躁而對媽媽口氣不好。

小文其實很不喜歡自己這樣，她知道媽媽很不適應自己一個人的生活，對於孤獨的媽媽，自己也覺得很捨不得，但不知道為什麼，自己總沒辦法好好安慰她，而只能煩躁或生氣。

當自己煩躁、生氣地面對媽媽時，媽媽也總是會受傷。

看到媽媽受傷的表情，小文覺得自己好糟糕……

＊＊＊

兆明回到家裡，覺得心情很差。今天被主管罵得狗血淋頭，負責的專案又一直有問題、不順利，讓兆明覺得壓力很大。因此一回到家，兆明一句話都不想講，洗完澡後，就坐在沙發上，默默轉著電視。

太太看著兆明的表情，忍不住開口問：「你怎麼了？」

「沒有啊。」兆明回答。

「還說沒有，你明明臉就很臭。」太太撇著嘴說。

兆明在心裡嘆了口氣。「我只是想休息一下，工作了一整天。你就不能讓我好好休息嗎？」

太太聽到這句話，立刻生起氣來：「說這是什麼話？我是關心你，而且你在公司受氣，根本就不該把情緒帶回家……」

於是，兩人大吵了起來。

＊＊＊

這兩個例子，其實都是很明顯的情緒界限模糊：習慣性地認為他人情緒是我的責任。以至於，當我們面對他人情緒不好時，我們下意識承擔別人情緒責任，因此我們就想要扭轉、改善，當發現「沒辦法」的時候，我們就可能覺得生氣。因為，沒有說出口或沒有意識到的是：「我覺得對方的情緒不好，可能是因為我。」

例如小文覺得：媽媽會心情不好，是因為自己搬離媽媽身邊的緣故。例如兆明的太太，看到兆明情緒不好，可能或多或少會擔心：「是不是與我有關？」

因此，在面對別人情緒不好，感受不好時，我們很可能反而會覺得生氣，因為我可能沒辦法讓他情緒變好，而他的情緒影響我，讓我覺得煩躁，覺得那情緒好像是因為我，是我的責任，因此我對他感到生氣，覺得是讓我有這種感受、煩躁的「他」不好。

這種情況，特別容易在伴侶、家人間出現。原因是：與親密他人互動時，

關係中的情緒界限，原本就會比較模糊；我們會比較容易受到親密他人的情緒影響，因為「在意他們」，所以當他們心情不好時，會希望能夠「讓他們好起來」，這是非常合理的事。

只是，當我們發現沒辦法讓對方好起來時，與自己比較親密的家人、伴侶，也會讓我們比較敢直接表達自己的「生氣」。因此，面對關係較親密的人，「憤怒」（有時是類似煩躁感）的因應策略，就會很容易出現在當中。

＊＊＊

「討好、逃避、說服、憤怒」，這些情緒逃避策略，其實都與我們習慣承擔他人情緒責任，而沒有意識到「他人的情緒是他自己的責任」的思考有關。

一旦開始能夠把情緒責任還給對方，我們也愈來愈能尊重對方的感受：尤其是，當對方心情不好時，就算與你有關，也不是你的責任。

他需要自己練習與你溝通，說出他的感受，讓你們有機會討論，調整你們之間的互動與關係。

如果他沒有提，**或許他也需要時間理解消化**；或是，他的情緒不好，根本與你無關，只是他沒有「裝作」自己心情很好。

那麼，練習尊重對方的感受，把對方的情緒責任還給對方。如此，可以使你不被內心的焦慮或煩躁感，逼使你去做一些你其實並不這麼想做的事情。

當你發現你可以選擇，也可以尊重別人感受時，你不會再被自己內心的焦慮帶著跑，你的內心會對自己產生敬意，這也會使得我們更尊重自己，更喜歡自己，增加自己對自我的好感度。

那麼，自我價值自然提升了。

重要練習

面對他人負面情緒時，以下有五個問題，請試著將自己的回答書寫下來。你將會對自己有更深的理解。

Key Point

1你的因應策略是什麼？

。

2這個因應策略，怎麼影響你對他人情緒的看法？

。

3這個因應策略，怎麼影響你面對他人情緒的行為？

。

4這個因應策略，怎麼影響你對自己的看法？

。

5如果不採取這個因應策略，會發生什麼事？

。

試試看新的做法：

下一次面對他人負面情緒時，停在當下，告訴自己：「那是他的情緒，是他的責任，不是我的，跟我無關。」**讓自己練習忍受心裡覺得「一定要做些什麼」的焦慮感**。

如果很困難，你可以暫時離開現場，或是找一件你有興趣的事情做，讓你的注意力，可以從對方的情緒轉移到你自己專注做的事情上。

多試幾次，你會慢慢感受到自己的改變。

為自己的感受負責／為自己做主

當我們把別人的情緒責任還給對方時，同樣的，我們也需要負起自己的情緒責任。

為什麼這件事對「自我價值」這麼重要？

因為當我們覺得：「我現在會這麼沮喪／生氣／難過，都是因為對方對我做

了什麼……」時，表面上看起來，我們好像是「把錯怪在對方身上」，應該是會讓我們自己「感覺好一點」；但實際上，我們等於是給了別人「控制、影響我們情緒」的權力：

你能夠讓我心情不好，讓我沮喪，而我什麼都不能做。

這是一種會讓人覺得自己「無能」，「沒有控制感」的感受。而當我們對自己的生活沒有控制感時，我們的自信、自尊、自我價值就會低落，我們會容易覺得自己不好、糟糕，也更容易陷入沮喪當中。

因此，**為自己的情緒負責，是一種很「有力」的自我聲明：**

「你或許可以使用很糟糕的態度對我，但我不需要忍受，也不需要被影響。因為，你的情緒，是你的責任；而我的情緒，當然也是我自己的責任。」

當你能夠有力的唸出上面的句子，並且給自己信心地相信著，你將會感受到你的內心湧起了一股力量，這可以成為你的「結界」，幫助你不被他人的情緒影響或侵犯。

閱讀到這裡，或許你也有一個問題：

「雖然有時我感覺到界限被侵犯，甚至覺得難過／受傷／生氣，但我會懷疑：我的感覺是不是錯的？是不是我抗壓性太低？太敏感？」

如果你有這樣的懷疑，請提醒自己：

我可以為自己做主：

我可以有這樣的感受，而不需要他人允許。

我不用擔心我的感受是不是錯的；我也有權利，決定自己要怎麼做。

我不滿足他人的需求，並沒有對不起誰；因為那本來就不是我的義務，因為我有選擇。

當我想要滿足他人需求，或是不想，決定權都在我手上。不需要他人的同意或認同。

因為我的人生目的與意義，不是為了滿足他人的需求。

我尊重自己的感受，不是錯的，不用懷疑；我不需要他人決定我該如何感受，因為那是屬於我自己、身為人，應該被尊重的重要部分。

請記得：

你一定要好好的尊重自己。尊重自己，從了解、尊重，並接納自己的感受開始。**學著練習不否定自己的感受，練習負起自己的情緒責任**；同樣的，你也需要尊重他人的感受，**並且讓他人練習負起自己的情緒責任**。

更重要的是，別忘了：

你有任何感受，不需要任何人允許。
你有選擇，可以決定你要怎麼做，而不是「非要」滿足他人需求不可。
你可以為你自己做主，為你的人生做主。

這是增進自我價值的不二法門！

輯三

如何擺脫情緒勒索？

清楚辨識「情緒勒索」的樣貌

小蓮默默地關上了手機，嘆了一口氣。

已經連續將近半個月了，從她開始與男友交往，並且讓家人知道之後，自己就開始了永無寧日的生活。

爸爸媽媽對於小蓮交了男友，其實還在「訊息消化」的階段，還來不及有太多的反應。但一向與小蓮感情很好的姊姊，對於小蓮的男友非常的不滿意。她認為小蓮男友「有太多地方不好」，不適合小蓮，因此姊姊軟硬兼施的要求小蓮要分手，小蓮當然沒有答應。而後，姊姊每天都傳訊息，打電話來責罵小蓮，認為小蓮「太自私」，沒有考慮到家人的感受，覺得小蓮「不孝」，甚至認為小蓮「要丟下他們全家人」。

小蓮看到姊姊的訊息，覺得哭笑不得之餘，還帶有一種淡淡的悲哀。

小蓮知道，姊姊會這麼反對男友，很大的原因，是因為男友的家鄉在外縣市，對姊姊而言，一想到與自己感情那麼好，讓自己可以依賴著的妹妹，可能會因此有自己的家庭，甚至住到外縣市，就會讓姊姊覺得恐懼、焦慮。因此，對小蓮的男友，像是要搶走自己賴以為生的妹妹般，更對他產生了「除之而後快」的心情。

了解姊姊的擔心，小蓮不是沒有試著跟姊姊溝通，試著跟姊姊講道理，但是發現姊姊除了「分手」這個選項外，其他完全都不接受。姊姊甚至覺得，從小都很溫順聽話的小蓮，居然為了這種事忤逆家人，「一定是被那個壞男人給騙了」！

除了責備小蓮，姊姊有時也會軟言相勸，要小蓮相信「只有家人不會騙你，你要相信我」，讓小蓮更覺得無奈。

無奈的是：原來我已經這麼大的人了，我的家人，卻絲毫不相信我的判斷力，不尊重我的選擇，還覺得我就像是個五歲的孩子般。

小蓮覺得，自己只是想要選擇自己的人生，但做出自己的選擇，好像就要背負「不孝」的罪名。面對這強大的罪惡感，小蓮覺得自己動彈不得：

「我不想要照他們的方式去做，但他們說的話，也讓我不敢照我的方式去做。」

就在這種動彈不得的情況下，小蓮找上了我。

為什麼我們無法擺脫情緒勒索？

看清楚了「情緒勒索的樣貌」，然後呢？

有的時候，即使我們看懂了，卻仍然無法擺脫情緒勒索。而發現這件事情，更是讓我們覺得無力。

「我明知道他在對我情緒勒索，但我沒有辦法拒絕，怎麼會這樣呢？」當有這種感覺時，你可能會很討厭自己的軟弱，甚至陷入什麼都不能做，不能改變的無力感中。

但實際上，即使看懂了「情緒勒索」的樣貌，那仍然可能讓我們暫時無法動彈。

會有這樣的狀況，並非因為你太軟弱，而可能是有以下兩個原因：

其一，可能是你根深柢固的恐懼、焦慮與害怕的情緒太強了。

其二是，太過在乎別人感受的你，被這些焦慮與害怕，引發了你「習慣性的罪惡感」。

怎麼說呢？

還記得在第一部分時，我曾提到「情緒勒索」的三元素：貶低你的能力，引發你的罪惡感，威脅你的安全感嗎？

這三樣「感受」，對於容易陷入情緒勒索的你而言，幾乎是你人生最重要的感受之一。

當你感覺自己沒有價值時，當你覺得對不起別人時，當你覺得你可能失去什麼重要的東西時，那就像是你的生存遭到威脅，根本上，這就是你的「生存危機」。

面對這麼大的「生存危機」，你會產生很大的害怕、恐懼，因而衍生出極大的焦慮感：「生存焦慮」。這種焦慮感，會使得你面對情緒勒索者的要求，覺得自己有「不得不答應的壓力」。

那種感覺，就像是：

即使你有不喜歡做的事情，不喜歡吃的東西，但是，有一把上膛的槍抵在你的頭上，要你做這些不喜歡的事，吃不喜歡的東西，否則這個人就要開槍了！因此，再怎麼不願，為了要生存下去，你大概都會屈服。

情緒勒索者所使用的手段，對你而言，就像是上膛的槍一樣。

當他使出這些方式時，你就是會立刻出現對應的害怕、恐懼、罪惡感情緒，使得你因而產生極大的「焦慮感」，而這個焦慮感，就像是生存焦慮一樣，讓你感覺到「危險」，使得你習慣性地忽略自己的情緒與感受，只為了解決這個焦慮感，而此時腦中出現的唯一任務，就是「如何解決這個出現極大焦慮感的問題」。

於是，你就會用你習慣性處理的方式，去因應這個危機：也就是接受他的要求，委屈自己的情緒與需求。

而有的時候，或許甚至對方並不需要使出什麼「手段」，而是，當別人如果提出「需求」時，你不答應，你就會有很深的罪惡感。

這種罪惡感，是那麼地真實，會讓你覺得不答應別人要求的自己「很不好、很自私」，因而你也會被這種罪惡感綁架，讓你產生很大的焦慮感，使得你不得不答應別人的要求。

甚至主動去幫別人做些什麼。

這種罪惡感，我稱之為：習慣性的罪惡感。

什麼叫做「習慣性的罪惡感」？

這種罪惡感，在你面對別人有所要求，而你自己的感覺與情緒跑出來，有點「不想答應」的時候，它就會出現。因為它的出現，又是這麼真實的情緒，會讓你以為「我真的做了不好的事情」。所以，因為這個罪惡感，你覺得不答應的你根本就是個「自私的傢伙」，於是，你可能就勉為其難地答應了。

一般的罪惡感，在我們做錯事時，它的出現，是提醒我們可以彌補，可以讓我們與其他人的感覺變得更好，也是維持這個社會秩序的一個重要情緒。但是，這種「習慣性的罪惡感」，它讓我們以為我們做錯事了，但實際上我們沒有。

這種罪惡感，只是我們從小到大養成的一種「習慣」。一旦我們沒有符合別人期待，達成別人要求，還有，重視自己感受的時候，它就會跑出來。

也就是，當我們沒有把別人的感受需求放第一位時，對於某些人而言，就很容易跑出這種「習慣性的罪惡感」，讓自己以為：自己重視自我的感受是錯的。

原本，「罪惡感」就是一種利他的情緒，因為有這個「罪惡感」，使得社會的道德秩序能夠有相當的維持，可以說，這是一種「被教導」而形成的感受。而「習慣性的罪惡感」，是一種被教導、訓練而成的、太過利他的一種情緒。

這種情緒讓我們非常不舒服，而只有當我們總是以他人為主，把自己放到最小時，這種情緒才不會出現。否則，只要我們一想要重視自己需求，甚至覺得自己是對的時候，這種罪惡感就會被立即召喚出來，像是孫悟空的緊箍咒一樣，告訴我們「你這樣不行」：

你應該要滿足別人的需求。

你應該要做到別人的期待。

你不能對不起任何人。

你應該學會自我反省，而不是責怪別人。

你一定不能拒絕別人，要讓大家喜歡你，這樣你才有價值。

類似這樣的教條，慢慢累積訓練出「習慣性的罪惡感」，讓你完全不敢違抗。一旦要違抗這種教條與情緒，就會感覺極大的焦慮，使得最後你仍屈服於別人的期待與需求中。

容易陷入情緒勒索的人，時常是因為在過程中被引發了這種「習慣性的罪惡感」。有這種「習慣性的罪惡感」的人，當你被情緒勒索時，遇到以下情況，你可能會有這些反應：

・當對方貶低你時：

你一方面知道對方說的並不合理，但忍不住自我懷疑，覺得「會不會我真的有錯，而我不知道」？

當別人說你「做得不夠、不好」時，這種「沒達到別人期待的感覺」，很容易召喚「習慣性的罪惡感」，讓你忍不住自我懷疑、自我檢討、自責，卻忽略了對方的行為其實更不妥當，甚至根本不尊重你。

・當對方引發你的罪惡感時：

「我對你那麼好，你居然這樣對我？」

當對方要用一些話語引發你的罪惡感時，其實對於有「習慣性的罪惡感」的人而言，這是一件非常容易的事情。

事實上，你很容易就會因為對方的一些話語而感覺到罪惡感。甚至，如果對方是有意為之，你的感受會更強烈、更難掙脫。

面對這些話語，你可能被你內心的那些「應該」的教條困住，對於自己沒有按照對方的方式去做，會使得你產生很大的焦慮，這焦慮使得你寧願放棄自己的感受與需求，轉而迎合對方的期待。

・當對方威脅到你的安全感時：

當對方有意、無意地，藉由一些方式威脅你的安全感，或你最重視的事物時，例如：

「如果你再這樣，我就不愛你了。」

「你繼續如此，我可能不再給你這麼高的評價。」

＊＊＊

「習慣性的罪惡感」會使得你面對這樣的威脅時，出現極大的焦慮。

原本你過去的生活中，就是藉由努力犧牲自己的感受與需求，以獲得這樣的安全感，「習慣性的罪惡感」正是你發展出來的「警鈴系統」，用來提醒你，應該要注意到你可能會失去安全感了，所以警鈴響起，你就會不由自主地、以生存為唯一導向，暫時放棄自己的感受與需求、喜歡或不喜歡，而只做你覺得能讓你「活下去」的事情。

對你而言，失去安全感，那就沒辦法活下去了。

當對方直接威脅你的安全感，「習慣性的罪惡感」警鈴大作，你完全無力抵抗，你只能盡力地救你自己的命，拯救你的自我價值，所以面對這種如此強大的生存焦慮，你只得按照過去你學會的唯一方式，去拯救自己的安全感，也就是：「就按照對方的期待與要求去做吧！唯有按照別人的要求去做，我才能獲得安全感，才能讓自己對自我的感覺好一點，才能繼續生存在這個世界上。」

老實說，在這種「生死一瞬間」的危機前，自己的感受與需求，怎麼會是重要的呢？

那麼，如果上述的狀況，就是我無法擺脫情緒勒索的「內心小劇場」，那麼，我該怎麼做才好？

我認為，**第一步，就是從覺察開始**。

問問自己：

會影響我的想法、行為與自我評價的「信念」是什麼。

那個促使你無法擺脫情緒勒索循環的「信念」，多半就是深植於你內心的規條，不遵守，就會引發你心中「習慣性的罪惡感」。

和我一起，開始練習了解你的內心，了解那些決定你行動的信念，賴以為生的「規條」，他們又是怎麼引發你內心「習慣性的罪惡感」？

「開始覺察」，這也代表，你的「破除情緒勒索循環」之旅，已經展開。

重要練習

引發你「習慣性的罪惡感」的信念、規條是什麼？

請用以下的語詞造句：

1我應該……＿＿＿＿＿＿＿＿＿＿＿＿。

2我一定要……＿＿＿＿＿＿＿＿＿＿＿。

3我不能……＿＿＿＿＿＿＿＿＿＿＿＿。

問問自己：

- 是誰決定這個規條與信念？
- 我非得按照這個規條或信念生活嗎？
- 如果不遵守，最糟會發生什麼事？我能不能處理與面對？
- 當我「違反」這個信念與規條時，我內心的感受如何？
- 客觀而言，如果違反這些規條，後果真的有我想像的那麼嚴重嗎？
- 如果不能確定後果，嘗試問問自己身邊可以信任的他人，問問他們的看法與意見。

你能不能愛這樣的自己？能不能對自己說：

「你做得很好，你辛苦了。你就算什麼都不做，我仍然覺得你是有價值的。我愛這樣的你。」

這些話，是你面對情緒勒索質疑的勇氣來源。

情緒勒索對我們的影響

當你開始小心翼翼：失去自尊的第一步

在本書的第二部分，我提到：「許多被情緒勒索的人，都常有自我價值低落的狀況」。事實上，自我價值低落，不但會使我們比較容易陷入情緒勒索的互動中；而當我們處在情緒勒索時，這段關係，也會讓我們慢慢失去自尊、自我價值，成為「雞生蛋、蛋生雞」的惡性循環。

怎麼說呢？

你回想一下：當你處在情緒勒索的關係之中，當你面對一個時常會使用貶低，讓你有罪惡感，或是威脅你的情緒勒索者，與他的互動，你或許得常常察言觀色，需要小心自己的一言一行，希望自己不要「讓他覺得不舒服」。

於是，在這段互動中，你開始小心翼翼，害怕每一次的衝突，因為每一次衝突，當對方對你要求與責難時，總讓你覺得自己不好，自己很糟糕。

兩人互動的關係，變成了：你必須要時時照顧他的感受，但他可以不在乎你的感受，這件事好像成為你們約定俗成的互動原則。

在這過程中，你愈來愈在乎他的感受，愈來愈小心翼翼；於是，你慢慢失去自尊、自我價值。

然後，你失去了自我。

自我懷疑：我是否真的做得不夠好？

當你被情緒勒索，深陷於情緒勒索互動中的你，或許還會時常體驗到一種煎

熬的感受：

「即使我知道他的要求是不合理的，但我卻又懷疑，我真的可以不去達到他的要求嗎？這樣的我，會不會如他所說的，我真的不夠好？」

許多深陷情緒勒索關係的被勒索者，常具有「在意別人評價」的特質，有著「自省」的能力與習慣。

適當的自省，對我們的人生其實是有幫助的，讓我們有機會能使自己的行為做適當地修正，但**過度的自省，與「自責」無異**。

我們明知道對方的要求是不合理的，卻仍焦慮地擔心著，自己是不是有什麼地方做不好、做不夠。不停地自責與自我懷疑，擔心自己「對不起別人」。

「我不該覺得都是別人的錯，這樣太不負責任了。我大概也有一些問題吧？」然後，自己在這樣的心情中，掙扎、煎熬著。

如果你時常被這種心情綑綁著，覺得痛苦不堪。

那麼，我想提醒你，試著問問自己：

「我總是擔心自己對不起別人，但是，我對得起自己嗎？」

那時，或許你才會看得到，深埋在你內心深處的委屈與傷痛。

對自己失望：為什麼我沒有原則？

有的時候，面對情緒勒索者時，我們的內心其實有很多小劇場。我們其實很想大聲的跟他們說：

「我覺得你不應該這樣貶低我、威脅我、要求我。」

「我覺得你根本就自我感覺良好，只會把錯都怪在我身上，毫不在乎我的感受。」

「我覺得你這個要求根本就是不合理的，甚至你自己也做不到。」

「我根本就不想做這件事情，我不想要負你的責任，我更不想要被你貶低，感覺自己一無是處。」

當我們想要大聲說出這些話，想要捍衛自己的立場，但卻發現，自己因為害怕、恐懼，或是一些習慣性地自我要求與價值觀，使得我們無法反抗情緒勒索者的要求與傷害的話語，任他們凌遲我們的身心時：

我們會對毫無勇氣反抗他們的自己，感到失望。

一旦我們愈覺得自己不夠有勇氣，沒有能力反抗他們，我們愈對自己失望。當我們愈對自己失望，我們就容易覺得自己糟糕、沒有用，只能一直這麼順從下去。

然後，我們會愈來愈討厭自己，愈來愈覺得自己不重要，沒有價值。

我們也會在這過程中，愈來愈失去自己。

忽略自我：失去感覺與表達感受的能力

在一段情緒勒索的關係中，最大的傷害之一，我想，或許就是讓我們「失去感覺的能力」。

在情緒勒索的關係中，情緒勒索者，有時很擅長用相當大的情緒起伏，與引發我們罪惡感、害怕的話語，來對他人造成壓力，這使得我們覺得害怕，因而很希望他們能夠維持情緒平穩、愉快，減少彼此之間的衝突。

尤其是，我們可能是很害怕衝突的，當衝突發生時，可能會讓我們覺得，這好像是我們造成的。

因此，我們很習慣地，希望能夠用「不刺激對方的行為」，安撫對方的感受。我們隨時都在注意對方的情緒狀況，因為那是我們賴以為生的憑藉之一。對我們而言，對方的感受，遠比我們自己的感受來得重要。

於是，我們的眼睛裡，只看得到對方的感受，甚至極為放大，卻忽略了我們自己的感受，即使受到了相當大的傷害或侮辱，我們都會讓自己忽略或壓抑，使自己沒有感覺。

因為，唯有沒有感覺，我們才不會在順從對方的要求時，感覺太過受傷、痛。

但那些沒有感受到的傷，並沒有消失，而是被我們埋在內心深處，讓我們下意識地深深相信著：

「我的感覺，是沒有人在乎，也沒有人重視的。」

合理化：面對對方要求與自己順從的行為

有的時候，當對方的要求，自己總是順從時，我們面對這樣的互動，為了調整自己內心那些不舒服的感受：被脅迫、無力、不被尊重、自我懷疑……我們可能會做另一個選擇：「合理化」。

「合理化」什麼呢？

我們可能會「合理化」對方的要求，說服我們自己：

「對方的要求是為我好、是合理的，是希望我能夠變得更好、更進步……」

「其實他的要求並不過分，或許是我太過敏感了，可能這其實沒什麼大不了的，應該每個人都會妥協的……」

或者，我們可能用一些理由，試著「合理化」或「淡化」自己不舒服的感覺或身在其中的痛苦：

「其實這根本沒什麼大不了的。在職場上，不都是這樣嗎？」

「如果我不順著爸媽的想法做，他們可能會情緒起伏太大而影響身體……我可以順著他們，就順著他們吧！其實也沒那麼嚴重。」

「既然他這麼在意我跟朋友出去吃飯，也代表他很在意我吧！反正他就是脾氣比較大。如果我愛他，就不要跟他計較吧！其實不能跟朋友出去吃飯，也沒啥大不了的，反正，我的工作也很忙……」

這些提醒我們「合理化」的聲音，可能或多或少都在我們的內心出現過。很多時候，「合理化」是不得不的選擇：當我們無法改變現狀，但現狀可能又讓我們覺得很不舒服時，用「合理化」安撫自己，可能會讓我們覺得好過一些。

實際上，一定是因為在這段關係中，我們已經很不舒服了，或是，因為痛苦已經很難忍耐了，所以，我們才需要「祭出」合理化的手段，讓我們自己好過一些。

否則，可能就無法繼續在這段關係中撐下去了。

但是，在情緒勒索的關係中，我們習慣使用的「合理化」舉動，有時可能會讓我們過度忽略自己「不舒服」的感受。**當我們習慣忽略自己的感受時，我們會輕忽這段關係對我們的傷害**，因而一直要求自己繼續使用各種方式忍受下去。

尤其是，「合理化」的行為，其實與社會上期待的「抗壓性很高」的行為，有些不謀而合。你愈能合理化這些不合理，你就愈能忽略自己的感受，那麼，你當然就更能夠忍耐對方的不合理態度與需求。

當你用「合理化」的方式，去適應這個人或這個環境時，那可能會使你的「抗壓性變高」，「適應環境的能力變高」；但相反的，你可能愈來愈難感覺到「自己的感覺」，例如快樂、成就感，以及對自我的看重。

因為，連你都忽略自己的感覺，尤其是當面對別人的「感覺」時，你的感覺，變得不重要了。

那你怎麼可能覺得自己重要？

於是，你的自信、自我價值……也會在這過程中慢慢消耗殆盡。

因此，外在表現看來，**客觀來說，或許你愈來愈「厲害」；但你在這過程中，可能反而愈來愈容易自我懷疑**，沒有自信，或是，愈來愈不喜歡你自己。

然後，你愈來愈空虛，愈來愈「沒有快樂」，「沒有感覺」。

習慣取悅：讓對方開心，以減少衝突

當你看到你身邊的人心情不好時，你的反應是什麼？

當你遇到有人特別會發脾氣時，你是否會更小心翼翼？甚至，會想盡辦法討好他，希望不要讓他一直不開心？

「我很容易感覺得到身邊的人情緒不好，尤其如果對方跟我很熟，甚至是我的家人、另一半，我很難忽略他們不好的情緒，然後，我可能就會主動討好他們，選擇做一些事情，讓他們心情好一點。

比如，如果他是我的同事，我可能會主動幫他分擔工作；如果他是我的家人，我可能會很小心翼翼地跟他說話，會問他怎麼了，或是幫他解決他煩惱的事情；如果是我的另一半，我會很在意他怎麼了，然後主動做一些事情取悅他，甚至他說的事情，我都會盡量答應，直到他情緒轉好為止。」

你是這樣的人嗎？

如果你是這樣的人，這種「習慣性地取悅對方，想要讓對方情緒變好以減少衝突」的互動方式，可能是你的生存策略，但是，這在情緒勒索的關係中，更是

容易變本加厲。

或許，你原本就有這樣的「特質」，而對方發現他的情緒是可以「勒索」你討好他，按照他的方式去做，於是，他的情緒強度愈來愈高，甚至可能愈來愈不合理，而你可能會更加卑微地要求自己去取悅對方、「割地賠款」，以求獲得暫時、表面的和平關係。

你的「配合」，可能會使得對方完全「沒有界線」，不曉得自己的行為已經太過分、太過超線，甚至當有時候他已經太過分，因此**你沒滿足他的需求時，他還會認為「都是你的錯」**，把你臭罵一頓。

而，當你習慣了這種「強烈情緒的勒索」時，你可能忘記問自己：

這種建立在「害怕」基礎的關係上，是我想要的嗎？

以害怕為基礎的互動關係

如前文所述，當我們深陷於「情緒勒索」的關係中，你會慢慢發現，自己與對方的互動，愈來愈感覺不到愛與愉悅。

你或許如驚弓之鳥，隨時注意對方的表情、話語、行為，想從這些蛛絲馬跡中看到他的情緒狀態，然後，決定自己該如何因應。

很多時候，你順從、討好，做出一切符合他需求的事，以他的感受作為你人生中最重要的標準依歸……久而久之，你突然發現，自己在這段關係中，感受到的只有害怕與恐懼。

決定你做出符合他需求的行為，並不是因為你真的想要，而是——

因為你真的害怕。

你害怕他突然暴走時對你責罵的話；

你害怕他的大吼大叫、歇斯底里；

你害怕當你沒有滿足他需求時，他對你的貶低與侮辱；

你害怕當你感覺到他的要求太過強人所難、想要拒絕時，他用各種話語、方法，藉以引發你的罪惡感，甚至威脅要讓你失去你最在乎的事物，以逼你就範。

於是，**在這段關係中，你再也感覺不到愛、信任、尊重，還有安全感。你只感受到害怕**；在害怕中，你不停地妥協、委屈自己，取悅對方以避免衝突……

然後，在這段關係中，**你開始感覺不到自己存在的價值與意義**。

而傷害已經造成，很深，很深。

我為我的情緒與行為負責，但不為你的——建立情緒界限的重要

當我們看清楚情緒勒索的互動模式，以及身處在這樣的關係中，對我們的影響有多大之後，我們能為自己做些什麼？要怎麼做，才能不再被他人的情緒所左右？自己的人生不再總是為了滿足別人的需求；要怎麼做，才能擺脫情緒勒索的關係？

除了覺察自己的內心小劇場，了解那些「習慣性的罪惡感」怎麼影響我們，還有呢？我還能再做些什麼？

答案是：**建立屬於你的情緒界限**。

什麼是「情緒界限」？界限，顧名思義，是指「一個範圍」。「情緒界限」，則是延續「界限」的意義，鼓勵我們在情緒上，與他人拉出一個距離，找出我們自己不能被侵犯的「範圍」。

當我們沒有建立起自己的「情緒界限」，會發生什麼事呢？

長期推動情緒教育的曹中瑋教授，在其著作《當下，與情緒相遇》一書提到，當我們沒有建立起自己的「情緒界限」，我們會很容易把他人的情緒當成自己的情緒，或是被他人的情緒所影響。我們分不清這個情緒究竟是誰的責任。

當你建立了自己的情緒界限，其實也就是代表：我們需要為自己的情緒負責任。

在前文的第二部分，談到如何提升自我價值時，我已經談到關於「替自己的情緒負責任，但不替他人情緒負責任」的重要性。

或許，有些人可能會好奇：「但是，如果是因為對方做了什麼，才讓我覺得難過、生氣，那不就是對方『造成』我的情緒，怎麼被引發的情緒，還是我要自己負責呢？對方對我的傷害，難道都不算什麼嗎？」

我很喜歡舉一個例子說明這個概念。

假設，今天你不小心踩了對方一腳，對方很痛，他可能有以下幾種反應：

他雖然很痛，但可能會在你道歉的時候，笑笑說沒關係，還問你有沒有跌傷。或是，他可能反應很大的說：「很痛耶！走路看路好不好！」但是抱怨幾句，也就算了。更甚者，對方可能隨身帶刀，然後，他拿刀砍了你。被抓進警察局，警察問：「你為什麼砍人？你隨身攜帶刀，是有預謀的嗎？」

對方信誓旦旦的說：「才不是，我也沒有上街亂砍人啊，是因為他踩我腳，很痛耶！所以我才拿刀砍他。」

如果你因為踩了別人一腳，別人的情緒反應可能有這麼多種，但是，難道他們的情緒反應，都是你要負責的嗎？

我相信，你一定會覺得：「拿刀砍也太嚴重了吧……」但對於某些人而言，所有的侵犯行為，甚至是他主觀認定的侵犯行為，都會引起如此大的情緒與行為反應。

當對方有這麼大的情緒反應，又要我們負責時，其實有時，這種互動就會變成「情緒勒索」，尤其是當我們沒有清楚的情緒界限。

也就是說，所謂**「建立情緒界限」，指的是：我們為我們自己的行為負責，但是不為他人的情緒負責**。

如果我做了傷害對方的事，不管是有意或是無意的，這個行為，是我需要負責的。

比如上面舉的例子：我踩了別人一腳，讓別人會痛，甚至可能會受傷，我需要道歉，甚至可能需要付醫藥費，送對方去治療。

這是我為了自己的行為負責。

但如果對方要拿刀砍我，這是他自己的情緒，他自己的責任。因為同樣的行為，不同的人，會有不同的情緒反應，而我不可能為每一個情緒反應負責，因為那些情緒反應，有時候，甚至不一定是根源於我的這個行為，而可能是他過往沒有處理完的情緒，在這次事件中一次爆發。

這就是「我為我的情緒負責，不為他人的情緒負責」——情緒界限的重要概念。

當我們建立了屬於我們的「情緒界限」，這可以保護我們，讓我們在情緒上可以與他人保有一定的距離，不至於因為他人「過多」或「過當」的情緒與要求，使得讓我們的情緒界限被侵犯，就能使我們不至於時常因他人過多的情緒干涉、影響我們，或是迫使我們忽略自己的感受與需求。

當我們清楚地找到自己的情緒界限，這使得我們可以變得更勇敢，更清楚自己的感覺，以及與他人的互動間發生了什麼事。我們可以為自己發聲，可以相信自己的感受，可以尊重自我的需求。

當然，這個「情緒界限」，是有彈性，而非僵化的。有時我們可以讓界限靠近我們一點，願意多替對方著想；有時，當我們比較沒有能量的時候，我們選擇多照顧自己一些，那麼情緒界限，或許就會往外一些。

重點是：**情緒界限的建立，沒有「應該或不應該」，而是「選擇」**。我們可以做出自己想要的選擇，在當下，在每一次互動中。這些選擇，出於我個人的意願表現，而非因為社會的價值觀，而非因為我內心的害怕或恐懼。

當我能夠建立起我自己的情緒界限，並且能對外宣告，這也**代表我願意尊重我自己的感受與需求，而我也相信，我自己的感受與需求，是應該被別人尊重的。**

如此，我將重新掌握自己的人生選擇。

如何建立情緒界限？——內在篇

先和自己好好對話

當你覺得在這段關係中，漸漸耗損了你的能量，並且讓你對自己的感覺愈來愈糟時，或許這促使你翻開這本書，也促使你開始想要做一些努力，來改變你目前的生活，以讓自己感覺好一些。

你或許開始想要不再被予取予求，或是希望在這段關係中，你也有機會表達

自己的想法與感受，並且被尊重。

但或許，隨之而來，有一些擔心或害怕，出現在你的心裡。

「如果，我拒絕他，或是表達了我的感受，結果他生氣了，怎麼辦？」

「他是我的主管，我真的能夠拒絕他嗎？」

「如果我不按照我父母的方式去做，而表達了我的感受，他們覺得受傷的話，我是不是很不孝？」

「如果我拒絕她的需求，她會很憤怒，還會說我不愛她。我實在很害怕她的發怒……」

在你感受到這些害怕的時候，我想邀請你，跟我一起，將你的注意力放在你的呼吸上，**試著做幾個深呼吸**，感受你的身體，專注在呼吸的動作上。

然後，等你情緒平穩後，再問自己兩個問題：

「如果，我真的拒絕他，或是表達我的感受，最糟的結果是什麼？」

「我，還願不願意，為了維持這段關係，而繼續委曲求全，忽略自己的感受？」

或許，你會發現，當你拒絕對方，或是表達你的感受時，最糟的結果，其實是你可以承受的。

而你也會發現，在這段關係中，你已經不想要再委屈自己，而希望能夠有一段更健康、更被尊重的關係。

那麼，**請你好好感受你真正想要的，並且給自己信心**，相信自己可以承受得住後果，而**不必被內心的害怕與恐懼控制住你的反應與行動**。

你承受得住對方的情緒反應，因為，那並不是你的錯。

如果他說話傷害了你，你可以轉身離開。

你承受得住對方的失望或攻擊話語，因為，你知道那是他的看法，不是你的。

你無法控制他怎麼想，但你並不需要去爭取對方的認同或好的評價。你自己可以評價你自己。

只要你相信：你不是他所說的那種人。

如此，那些話就沒辦法傷害你。

你承受得住你內心的焦慮與罪惡感，因為你知道，那並不是因為你做錯了事，而是你習慣性的罪惡感被召喚了出來，習慣性地覺得自己應該滿足別人的要求。

學會相信自己。你其實有能力面對這一切。

給自己力量，也給自己機會，讓自己好好面對內心的恐懼與害怕。

當你面對了，恐懼的面貌將變得清晰，而不再如此模糊、巨大。

當你看清「恐懼」的面貌，你會慢慢發現：原來，事情沒有我想的那麼可怕，其實，我是有能力面對這一切的；而最糟的結果，也沒有想像中的可怕。

甚至，並沒有發生。

重要練習

請一面試著深呼吸，一面讀著以下的問題，並且試著寫下回答：

- 現在我身邊讓我感覺到有壓力，甚至覺得窒息的關係，是哪一段關係？

。

- 他會怎麼要求我，會說出怎樣的話，或是露出怎樣的表情、動作與行為，讓我感覺到壓力？

。

- 如果我不答應他，我想像中擔心最糟的結果是什麼？

。

- 實際上，如果我不答應他，會造成的最糟結果是什麼？

。

Key Point

請觀察你的答案，並且注意「你所想像的恐懼」與「實際上最糟的結果」的落差。

當你發現：其實你想像的恐懼，遠大於實際上會發生的後果，而你其實是有能力去面對、承擔，甚至解決這個後果時，你會發現，這個「想法」會帶給你勇氣，**幫助你減少「過度放大」情緒勒索者可能帶給你的威脅**，並且練習拿回你對自己生活的掌控權。使得自己有機會，感受自己能做的，遠比自己想像的多。

只要我決定了，這就是界限

當我們思考自己的界限時，可能會出現這樣的擔心：

「雖然他這樣讓我不舒服，可是，會不會是因為，我真的抗壓性太差？還是說，是不是我太敏感了……」

「我真的可以就這樣表達自己的感受嗎？這樣會不會太不替人著想？有時候幫點小忙，應該也沒關係吧！我這樣，難道別人不會覺得我難相處嗎？」

在面對情緒勒索者，剛開始建立自我情緒界限的過程中，許多人需要面臨的，就是自己不確定「這麼做，是否真的可以」？

我真的可以只顧慮我自己的感受嗎？
我真的可以不管別人舒不舒服嗎？
我的感受真的是對的嗎？
這說不定是我的問題，是不是我太敏感？
我這個樣子，別人會不會覺得我難相處？
……

可能，看到這裡，你也有相同感覺：當想要練習把自己感受放在第一位時，「習慣性的罪惡感」就警鈴大作了，那些「自我懷疑」也就立刻被召喚出來，變成一圈一圈的套索，綁縛著你，讓你動彈不得。

別忘記了我前文所提到的：

「習慣性的罪惡感」，是過去你鍛鍊出來，用來應付生活，回應他人需要以利於生存的一種「生存策略」，是你思考的「慣性模式」。當你要擺脫過去的生存策略、思考模式時，你需要用新的「思考模式」來代替，而在這過程中，你一定會覺得不舒服、不習慣。

但不代表這是錯的。

這個新的「思考模式」，就是**開始以自己的感受作為依歸，設立自己的情緒界限**。

實際上，所謂的「界限」，指的就是我們自己的忍受範圍，是「別人如果侵犯，我腦中的警鈴會大作，我會感覺不舒服」的範圍。

而這個範圍，因人而異，但了解並且接納自己的「情緒界限」，是一件非常重要的事情。

也就是說，只要你決定了，這就是「界限」。

你並不需要跟任何人解釋，或是尋求任何人的認同。即使他們不認同，他們如果要與你相處，仍必須使用你能夠接受，尊重你感受的互動模式，與你相處。

情緒「界限」，不是情緒「底線」

切記：「情緒界限」，不是「情緒底線」。界限，是幫助你知道，與人互動時，哪些是你的「範圍領土」。你要找到的，是開始會讓你覺得不舒服的那條線，往內，則都是「情緒界限」的範圍，而不是拉了一條你的「情緒底線」：僅設一條「盡量忍受的底線」，而使得這「底線」成為讓人一踩到就會爆炸的線。

如果你設的是「底線」，你會發現，即使設了這條線，你內心的痛苦與掙扎仍然很深，仍然會時常感覺到委屈，不被重視自我的感受，或是感覺自己沒有價值。

但是，如果你設的是「情緒界限」，這個界限是範圍較大的，也讓你比較有施展與調整的空間。

你可以隨著你的狀況與需求，來彈性調整自己的「界限」，這也可以讓你與人的互動比較有彈性，而非只能仰賴僵化的界線，來決定、調整你與他人互動關係的距離。

這就是「情緒界限」與「情緒底線」的差別。

＊＊＊

所以，為了要打破過去的「慣性思考模式」，你需要提醒自己：

你可以自己選擇不用滿足別人的需求，只要你不想。

你可以選擇不承擔別人的情緒責任，只要你不想。

你可以先只照顧好你自己的情緒，而不用總是要替別人著想，只要你不想。

你可以擁有你自己定義的「情緒界限」，而不需要別人同意，因為**重視你自己的情緒感受，是你這一生中最重要的事情，也是你人生的目的**。

你要記得：情緒界限就是你的「領土」、你的「疆域」，你就是你自己國家的「國王」，你可以決定，如果想要跟你這個國家「互動與交流」，別的「國王」需要用什麼樣的方式。

因為你是國王，所以，你當然要保護你的國家，你的領土範圍，而依歸點，就是「你的感受」。

別人否定你的感受，已經是一件很令人難過、受傷的事情，如果連你都懷疑、甚至否定你自己的感受，不能捍衛你自己的感受，不停的「割地賠款」……

這是多麼令人心疼的事情。

請開始改變「為別人想」的思考模式，開始練習「為自己想」吧！

別忘記了：**擺脫情緒勒索，就是從建立你的「情緒界限」開始；而要建立「情緒界限」，就是從尊重你的感受開始。**

重要練習

如何建立自己的情緒界限？請跟著以下的步驟做做看：

- 與他人互動時，通常我會因為什麼事情而感覺「不舒服」？
- 是什麼讓我「不舒服」？那些「不舒服」的感受又是什麼？
- 覺得「不舒服」時，我會怎麼反應？
- 是什麼讓我無法對對方說出我感覺「不舒服」？當我覺得不舒服，想說出口時，腦中出現什麼樣的句子或想法，阻止我把我的感受說出來？
- 把腦中的句子試著寫出來，這句話是「合理」的嗎？是不是我「習慣的罪惡感」？

____。

- 如果要把這個句子改成「尊重我的自我感受」的句子，你會怎麼改？把它寫下來。

______________________________。

將這個新句子，寫在小卡上隨身攜帶，或是寫在自己隨時可以看到的地方，作為建立你的情緒界限的「護身符」！

好好「感受」自己的情緒

了解自己的界限，並且決定面對恐懼，為自己做些事情，以改變自己的生活時，你會感覺到自己內心充滿勇氣與希望。

但是，這些勇氣，有時候會消失得很快，尤其是開始面對情緒勒索者，在互

動中感受到「不舒服」。那些習慣性的罪惡感，感覺到讓別人失望，好像都是自己的錯、自己的問題。

遇到這些源自於我們童年成長經驗，是我們賴以為生的「守則」時，違背它們，我們會感覺到很深的生存焦慮，甚至下意識懷疑自己：「我這麼做，真的對嗎？」

我真的可以不用回應別人對我的要求與期待嗎？

我真的可以自己決定自己是怎樣的人，而不用在意別人對我的評價或標籤嗎？

我真的可以不用如此在乎別人對我的看法，而以自己的感受為主嗎？

我真的可以不用去滿足別人的需求嗎？

這樣的我，難道不會很糟糕嗎？

有時候，我們的勇氣就在這些掙扎與自我懷疑中，慢慢消失殆盡。

那麼，要怎樣才能讓我們增加更多的勇氣呢？

我的建議是：**請好好地「感受」你的情緒。**

感受在每次你被迫答應別人的要求時，你感覺到的挫折感。

感受當情緒勒索者用貶低、攻擊的言語，逼你就範，而你勉為其難接受時，那時出現的痛苦、無力等糟糕的感受。

感受當你不想要按照情緒勒索者的方法去做時，他對你施予的一切令你痛苦的手段，而後你只好妥協，那時你感覺到自己的感受不被重視的受傷。

請好好地，感受你的那些痛。

那些被迫，那些委屈，那些感覺自己沒有價值、不被重視的感受，甚至覺得自己的感受沒有任何人在乎的傷。

不要忽略它，不要合理化、淡化這些傷口，好好的感受這些傷。

很多人聽我這麼說，會問我一個問題：

「可是，感受這些真的很痛苦，我覺得這反而讓我沒辦法生活，為什麼要讓我感受這些？」

實際上，去好好感受自己在這過程中的傷，並不是要我們去恨，而是從感受

這些傷口，了解這些傷的嚴重性，以**讓自己有機會深深地理解：「沒有人應該被這樣對待。」**

讓自己在這感受的過程中了解：

我不應該被這樣對待。

我不應該讓自己被這樣對待。

當你開始能夠去感受自己的傷口，代表你有能力重視你自己的感受，而不是總把別人的感受放在最前面，把別人的痛苦看得比你還要痛苦。而卻忽略自己的傷口，淡化了自己的痛苦。

想像一下：當你受傷了，渾身包紮著繃帶，打著石膏，身上某些傷口或許還滲血，但你一邊說著「我沒事，我沒事」，然後當有個健康的人經過你身邊，跌了個跤，然後抱怨你：「看到我摔倒，還不會來扶一下，真的很沒同情心！」

然後你不顧全身的傷口與病痛起身，明明你都已經不能走路了，你還硬要自己去扶那個身體健壯的人，只為了他說那句：「真沒同情心！」

那句話，勾起了你的罪惡感，讓你覺得自己好像真的做了一件很糟糕的事。

這場景很熟悉嗎？

這其實就是情緒勒索者與被勒索者，日常生活時常上演的戲碼。

當內心的傷痛，血淋淋地轉換到現實場景，成為看得見的傷口時，其實遠比我們想像的都還要嚴重。

很難想像，一個重傷的人，還要去扶一個健壯的人吧！

而你是不是，時常勉強自己做這樣的事情？

只要一句「我沒事」，就成為你萬能的止痛藥？鴉片？

很多時候，**當我們不習慣重視自己的感受，別人也會如此的對待我們**。

所以，開始練習看到自己的傷痛吧！好好感受自己的委屈與難過，好好安慰自己，好好包紮自己的傷口。

那可能是你從來沒有為自己做過的事情。

而唯有了解傷口有多痛，你才知道，自己是不應該被這樣對待的，你才會有勇氣保護自己，讓自己不再隨便委屈地，容許他人這樣對待你。

而不會總是在擔心：「我真的可以重視自己的感受嗎？」

了解傷口有多痛，那些是促使你想要改變的原因；而好好感受它們，**當升起了對自己的「捨不得」與「珍惜」**，這些極為珍貴的感受，**就是幫助你「保護自己」的勇氣來源**。

你的人生，不需要為別人負責

「從小，父母就跟我說，要我懂得體貼、體諒別人的感受，要當一個好相處的人，不然沒人喜歡我，不然就不是個好孩子。慢慢地，我發現，我習慣會在環境裡搜尋別人『不悅』的情緒，然後，搞得自己很緊張，深怕他的情緒是因為我。

於是，如果讓我發現了別人不悅的情緒，即使我知道那不一定是因為我，我都會下意識的去取悅他，讓對方開心。甚至，有時候在團體時，就算有人講話或做什麼事冒犯到我，我都會因為考慮對方的感受，或是怕打壞氣氛，而讓自己把情緒忍下來，笑一笑，假裝什麼事都沒有。」

你也是這樣的人嗎？

你是不是總是去承擔別人的情緒責任？

回顧一下你的人生吧，究竟有多少時候，你的人生，其實是為了取悅別人而活，卻不是為了你自己？

事實上，**我們需要為自己的行為負責，但我們不需要為了別人的情緒負責**。

一旦你想要為別人的情緒負責任，你的人生就會為了別人而活。你生命的目的與意義，只剩下追逐別人的情緒跡象，與擔心自己是不是又怎樣造成了別人的情緒。

你不在乎自己的感受，也不可能在這過程感受到自己的價值，因為：如果你的人生，永遠都是別人的感受比你的感受重要，你怎麼可能會覺得自己是有價值的呢？

所以，請開始練習，練習把自己的情緒感受放在第一位。

那不代表我們不能溝通、不能妥協，而是希望別人用尊重我們的方式，與我們討論事情的進行方法。

當別人希望我們能夠滿足他們的需求時，他們必須要清楚地拿出來討論，尋求我們的同意，而不是用許多「貶低」，讓我們有「罪惡感」的方式，以此引發我們的焦慮，**逼迫我們就範**。

我們應該能夠有選擇：**當我們想要滿足別人的需求，那是我的自由與選擇，而不是我的義務**。

當「這是我的自由與選擇」時，我做到了，我會有成就感，會覺得我有能力，且我願意為了別人這麼做，但如果這成了我的「義務」，我只會在做到的時候，覺得是「應該的」，在做不到時，則是感覺到深深的罪惡感。

而實際上，我人生唯一最重要的事情與義務，是在不傷害他人權益的前提下，重視自己的感受，滿足自己的需求，而非僅為了滿足他人期待而活。

所以，請不要忘記：

別人的情緒，不是我的責任。

我人生的目的，不是為了滿足別人的需求，而是滿足我自己的需要。

在不侵害他人權益的前提下，我把自己的感受放在第一位，最為重視我自己的需求，是沒有錯的。

請用力地告訴自己：我的人生，不需要為他人負責。

放下那些別人要求你背負的枷鎖，那是屬於他們自己的功課，不是你的。

請練習放下它們，**開始照顧好自己**，完成自己的功課。

我願意承諾：我會好好保護我自己

談到這裡，或許你對於「情緒勒索」以及你自己的內在，已經有多一些的了解。

那麼，請你試著做做以下的重要練習：

理解自己過去的「被勒索」模式

請你想一個你時常面對的「情緒勒索循環」的場景，然後，試著書寫以下的問題：

・當我們跟情緒勒索者互動時，他們會用什麼樣的方式「逼我就範」？

________________。

・我想像我要自己成為什麼樣的人，並且寫下「我想要成為的人」的樣子。

________________。

・如果我想成為這樣的人，我可以怎麼做，讓對方不能重施故技而得逞？

________________。

・將你想的新方法，大聲地唸出來。

你可以找你信任的朋友或親近的人，請他陪你練習，讓他成為你「新人生」的「見證人」。

這會使得你對自己更有信心，在朋友或親密他人的支持下，會讓你更有勇氣，開始你實行「新的人際模式」。

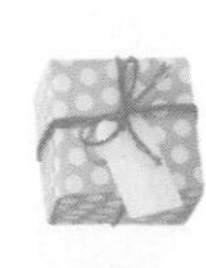

重要練習一：寫下「我想要成為什麼樣的人」

「我想要成為的人」是什麼樣子，請使用以下幾個語詞造句：

• 我想要成為……
• 我能夠……　　　　　　。
• 我一定能……　　　　　　。

・我想要為了自己……

＿＿＿＿＿＿＿＿＿＿＿＿＿＿＿＿＿＿＿＿。

＿＿＿＿＿＿＿＿＿＿＿＿＿＿＿＿＿＿＿＿。

重要練習二：寫下屬於你的「打氣」句子

練習當自己的啦啦隊！寫下屬於你的「打氣」句子，用這些句子，替代你內心過往的那些罪惡感語言。

要怎麼做呢？請按照以下的步驟，試著寫寫看：

一、當我們與情緒勒索者互動時，我們通常都會跟自己說些什麼。

＿＿＿＿＿＿＿＿＿＿＿＿＿＿＿＿＿＿＿＿。

這些話，通常是我們內心的「罪惡感與自責」的語言，練習把它們寫下來。

看看這些話怎麼影響你，並且在旁邊打一個大X。

二、想像一下，「我要我成為什麼樣的人」，寫下你對自己的期許與期待。

______________________。

三、練習一下，如果你現在就是你想成為的那種人，你會對自己說些什麼？把這些話寫下來。

______________________。

四、請把「三」所寫下的句子，大聲的唸出來，每天練習。

以下我列出一些範例，讓大家參考：

例如：

我必須在乎別人的感受。X

我要將自己的感受放在第一位，因為對我而言，我的感受是最重要的。○

我必須滿足別人的需求，當一個好人。X
我人生的目的，不是為了滿足別人的需求，而是為了滿足我自己的需要。○
別人如果因為我而有任何情緒，那是我的責任。X
我願意為我的行為負責，但我不背負別人的情緒責任。○
我應該要去照顧別人的感受，要努力維持和諧。X
我的人生，不需要為別人負責。○

Key Point

請將自己寫下可以鼓勵自己的「打氣」句子，隨身攜帶。
每天至少對著鏡子唸過三次。
並且，**最重要的是，請練習大聲地唸出來。**

因為，當你聽到了，代表**那是你對自己的宣言，也是對自己的提醒。**

語言，是很有力量的。

讓自己成為自己的啦啦隊吧！

我相信：

我不需要總是得做到什麼，或證明什麼，才代表自己是有價值的。

就算我有一些缺點，甚至我有時候會失敗……但我都相信，這些事情，是因為我「沒做好」，而不是「我不好」。

只要我好好努力，我相信我可以做得好，而我也不會因為這個失敗，就懷疑自己存在於世界的意義。

這就是：對自己，完全的接納。

練習建立情緒界限的步驟

——停、看、應

做完心理建設後，我們要開始練習了。

當你與情緒勒索者互動，想要練習建立屬於自己的情緒界限時，請記得以下的重要口訣：停、看、應。

停：停止對話，轉移情緒，離開現場

與情緒勒索者互動，當他對你提出要求時，可能伴隨著聲音、情緒，以及一些特有的表達方式，會讓你感覺到很大很大的壓力。

這股壓力，會使得你感覺到很大的焦慮，逼迫你反射性地去回應情緒勒索者的需求。

或許，你曾經有這樣的經驗：當對方不停地用言語逼迫你，告訴你這件事對他有多重要，對方營造出一個「你非得馬上答應他不可」的氛圍，好像這件事攸關生命，非常緊急，必須馬上處理、回應。於是，即使你並不想答應，你可能也因為那股壓力，以及你內心隨之升起因應壓力的焦慮，而使得你反射性地答應了對方的要求。

這些壓力與焦慮，促使你主觀感受「這件事非得馬上回應、處理不可／這個人非得馬上回應、安撫不可」，而讓你沒辦法客觀判斷，讓你當下誤以為這件事真的如此緊急，而使得你的感受與真實情況有一些落差：其實，根本沒那麼急／沒那麼嚴重。

發現了嗎？這個互動模式造成你無法說不的情況，它是這麼運作的：

情緒勒索者給予的壓力↓內在焦慮↓焦慮讓你忽略你自己的感受↓你答應對方的要求。

前文提到的「如何建立情緒界限：內在篇」，處理的其實就是上述互動循環中，「內在焦慮」的這部分。

處理內在焦慮，並不是一蹴可幾的事情，但我們仍然需要與情緒勒索者互動。因此在面對情緒勒索者時，你需要先給自己一個重要的心理建設：

我可以先不拒絕他，也先不答應他，我可以什麼都不做。

在蘇珊《情緒勒索》一書中，特別提到：「**你不必回應情緒勒索者的任何要求。**」

這是一個非常重要的觀念與心理準備。

＊＊＊

你並不需要非得馬上回應，甚至答應情緒勒索者的任何要求，尤其，當你有一丁點不舒服、不願意的感覺。

請重視你的這個感覺。

記得我的叮嚀：如果你想要答應這件事，並非因為你「想要」，而是因為你覺得「害怕、恐懼」。那麼，就請你先等一下，先給自己一點思考的時間。

因為這代表，你答應這件事情，並非出於你個人的意願，而是因為對方給你的壓力引發你的焦慮，甚至讓你覺得恐懼或害怕。

但面對這個壓力，我們的焦慮感就會很深，要如何擺脫呢？尤其是我們還沒辦法成功安撫焦慮的時候？

就「離開現場」吧！

離開會讓你感受到壓力的現場，不管是現場，或是電話。

如果是電話，你可以跟對方說，「我知道了你的想法，不過我需要想一想，我現在沒辦法給你答覆。」

如果對方仍然想要說服你，想要你答應，請你將以上的句子，不停跳針地答覆給他。然後說自己有事，將電話掛上。

如果是現場，當你感覺自己被不當的對待，或是被要求一些你當下並不想答應的事情時，請你重視你的感受，**跟對方說：「這件事我需要想一下。」**然後藉口你要去洗手間，或是有別的事情要忙，先離開現場。

平常可以寫下一些拖延回應的句子，並且多加練習。如此，在面對情緒勒索者時，你就可以下意識地提醒自己，反應、說出這些話，而讓自己改變馬上答應的習慣。

剛開始練習這樣的互動時，請謹記：

說出這些拖延回應的話之後，請先盡速離開現場。

在行動初期，為了讓自己改變不同的行為模式，「讓自己能夠離開壓力源，好好想想剛剛怎麼了」，是一件非常重要的事。

留在現場，即使你使用拖延戰術，面對與過去互動反應不同的你，情緒勒索者很可能會用更猛烈的攻勢，想要說服你，逼你就範。

這是非常正常的反應，因為面對與過去反應不同的你，對情緒勒索者而言，這是威脅到他的生存的，因此這使得情緒勒索者的焦慮升起，他自然會使用比過往更強烈的手段，更具有說服力的理由，想要把你變回以前的樣子：答應他的需求。

對於處在初期行動期的我們，面對這樣的攻勢，會使得我們內心的焦慮更多，那可能不是我們準備好要面對的事情。

甚至，**面對他的說服，我們可能會乖乖的一句句回覆，甚至解釋，這會使得我們慢慢地掉入他的語言陷阱中**，最終，我們可能又被說服而勉強答應了，事後又讓我們後悔不已。

不要讓這種事發生。

要記得：你現在就是沒辦法做決定，而你堅持你的立場，是不需要理由的。你不需要去說服他，不需要說服他「接受」你現在「沒辦法做決定」這件事；**當你決定「我現在沒辦法做決定」，這就是你的立場**。

你只需要告知，但你不需要得到任何人的允許。只要你決定如此，你就可以這樣執行。

你當然可以做你自己的主人，為自己做決定，不需要給任何人交代。

因此，不要忘記自己的立場，**請練習堅持自己的立場**。

如果擔心無法承受這壓力，請果斷地離開現場，掛上電話，不要讓對方有說服你的機會。

重要練習

想想你目前時常遇到的「情緒勒索」場景，你可以練習怎麼做，讓自己不需馬上回應對方的需求。

如果你並不容易直接拒絕，那麼請先練習思考「不直接答應」的語句：

Key Point

第一步：先爭取時間想一想。

「我現在有別的事情在忙。我想一想後回覆你。」

「你說的我了解了。我需要思考一下。」

「這件事我沒辦法馬上答覆你。我想一想後再跟你說。」

……

寫下你的「爭取時間」的語句，可以多想幾個可能性，並且**對著鏡子唸出來，多加練習**。

練習：

我可以這麼回應——

1 ______________________。

2 ______________________。

3 ______________________________ 。

第二步：對方不死心地想說服你時，請堅持：練習跳針回應。

寫下你的「爭取時間」語句後，想像對方可能會想要說服你，甚至施加更大的壓力。

遇到這種情況，請深呼吸，安撫你內心升起的焦慮，然後，重複你的「爭取時間」語句：

「我現在真的沒辦法答覆你。」

「我現在沒辦法答應你，我需要時間思考。」

「我會思考過後回覆你。」

「你說的我了解了，我會想一想後答覆你。」

……

第二步的「跳針回應」有時比第一步困難很多。很多時候，當我們做到第一

步時，時常因為第二步而無功而返。

因此，你可以這樣練習：

・對著鏡子，想像對方可能給你的壓力與說服的語句，練習不停跳針的回應。

・找一個你可以信任的朋友或家人，請他練習扮演情緒勒索者，然後面對他的說服與壓力，練習跳針回應。

練習前：

「想到必須面對的場景時，我的感受如何？」把你的感受寫下來。

____

____

__________。

練習後：

「現在想到該場景時，我的感受如何？」試著寫下來，並感受與練習前的不

同。

我的感受

（書寫欄位）。

練習前與練習後，我的感受是否有所不同？有何不同？

（書寫欄位）。

（書寫欄位）。

第三步：離開現場

有時對方的說服，甚至給的情緒壓力，是非常巨大的，因為你的反應也會帶給對方焦慮。因此，練習「離開現場」也非常重要。

・電話中

如果對方是用電話或通訊軟體，思考自己如何可以不回應，甚至離開現場：

「抱歉，我在忙，晚一點再打給你。」

「抱歉，我現在有事，我需要先掛電話。」

・現場

表達完你需要考慮，沒辦法馬上答應他的立場後，你可以找個理由，立刻離開現場：

「我還有事，我先離開。」

甚至我很推薦「尿遁」：

「不好意思，我先去一下洗手間。」

即使是面對你的主管、老闆，**沒有人規定你不能離開現場**。試著找出對你常

遇到情緒勒索的場域而言，比較合理，而不會正面起衝突的理由，盡可能表達完立場後就離開現場，避免給對方有說服你，施加更多壓力的機會。

請練習建立：屬於自己的「婉轉拒絕對方並且離開對方建構的壓力場域」的方式，如此，離開了情緒勒索者製造的「威脅、危機來源」，讓你可以爭取屬於自己的空間，內心感受危機的警報聲，也有機會因而減弱，藉此增加自己理性思考、判斷的可能性。

屬於我的「離開現場」方式，我可以：

1 ________________。

2 ________________。

3 ________________。

看：覺察自己的情緒，了解剛剛發生什麼事

＊先緩和自己的情緒

當你「停」，離開現場後，接下來要做的事情，就是「看」。「看」是三原則中最重要的一環。也就是：你需要去「觀看」，覺察自己的情緒，試著去了解剛剛發生什麼事。

如果離開現場，你的腦袋還像一團糨糊，建議你可以先讓自己試著按照以下的步驟做做看：

一、先讓自己做幾個深呼吸。重點為將你的專注力擺在你的呼吸上，感覺空氣如何進入你的身體裡，又如何被吐出來。

二、在呼吸的過程，可以提醒自己：「我已經讓自己離開剛剛那個不舒服的地方」，慢慢的讓自己放鬆，安撫自己略微緊張的情緒。

＊回顧歷程與自我的感受

當你的情緒慢慢緩和下來，焦慮也降低之後，請嘗試問自己一個問題：

「剛剛發生了什麼事？為什麼我覺得這麼不舒服？」

回顧一下剛剛與情緒勒索者互動的過程，對方是否做了一些事情，說了一些話，讓你感覺很不舒服，覺得不被尊重，甚至被強迫？這部分最重要的事情之一，是**請你練習好好去感受自己的「不舒服感」**。

回顧在那過程中的自我感受，如果真的讓你覺得很不被尊重，那麼，請重視、接納你的感受，並且詢問自己：「那麼，我想怎麼被對待？我想要怎麼做？」以及「他要求的這件事，或是他對待我的方式，是不是有違我的原則／界限，而我根本不想這麼做？」

覺察你的感受，**把自己想要的對自己說出來**，你就會更清楚自己的立場，答案就會呼之欲出。

＊安撫自己的焦慮感與罪惡感，並提醒自己的情緒界限在哪裡

在你感覺到自己不舒服的情緒，而想要不按照對方的方式回應時，你會感覺到一陣焦慮感襲來。那陣焦慮感，多半伴隨著經年累月你時常對自己說的話，也就是過去你賴以為生的、舊有的「規條」：

「我真的可以這樣嗎？這樣對方會不會生氣？」

「我這樣做的話，會不會讓對方覺得我很難相處？很不受教？」

「我這樣做的話，對方會不會就不再愛我了？」

……

這些聲音，會使得你習慣性的罪惡感被引發，而使得你一想到要拒絕或是不迎合對方，就愈來愈焦慮。

這時候，前面邀請大家做的功課，就是要在這裡發揮效力了。

請想一句你決定要開始新互動、新生活之後，你對自己說的話。

比如：

「我的人生，是為了滿足自己的需求，而不是為了滿足對方的要求。我重視自己的感受，並沒有錯。」

多對自己說幾次，讓自己的那些勇氣回來自己心裡，讓勇氣幫助你更相信自己：「我現在做的抉擇沒有錯。」然後，用這些勇氣與相信，慢慢安撫自己內心的焦慮。

此外，當焦慮慢慢下降時，也一面提醒自己：

自己的情緒界限是什麼，希望變成怎樣的人，想要迎向的新生活，是什麼樣貌。

很多時候，即使知道情緒勒索者的互動形式，即使知道為了自己，我可能必須要做一些因應的修正，但**很多時候，我們時常「頭腦都知道，但心裡過不去」**。

很多時候，過不去的，是當我們面對所升起的焦慮時，我們輸給了內心的罪惡感，而非真的如此害怕「外在威脅」：情緒勒索者。

也就是說，**這其實是一個跟自己打仗的過程**。

但焦慮感與罪惡感，其實也不是我們的敵人。在我們過往的生活中，它們因應生活而存在，這代表在過往的時間裡，我們的生存可能需要它們存在。也許，在過去，它們幫了我們不少忙。

但現在的人生，我們已經不需要如此多的罪惡感去提醒我們生存的危機，甚至它們可能有點過度敏感，太容易升起，太容易讓我們焦慮，反而使我們沒辦法好好過現在的生活，面對現在的挑戰。

如此，我們需要好好安撫它們，也提醒自己，自己的界限是什麼，而過往的罪惡感與焦慮，其實是一種不得不的習慣。但現在，我們已經不需要這個習慣來如此敏感地提醒我們了。因此，我們需要記起我們的情緒界限，並且堅定地告訴自己：

「我需要保護自己的感受與情緒界限，因為除了我自己，其實沒有人會比我更在意這件事。」

所以，在這個階段，練習安撫自己的焦慮，提醒自己的情緒界限，會讓你更容易，更願意堅持，讓自己有勇氣去執行新的因應策略。

＊什麼狀況會使得自己就範

在「看」的階段，如果還有餘裕，建議可以再做一件事情：**試著去看剛剛的互動中，他做了什麼事，說了什麼話，特別容易牽動你的罪惡感，引發你的焦慮？**

「我的爸爸身體不太好，有時我需要照顧他，但我發現當我與爸爸同處一個空間時，時常會覺得壓力很大，而且不舒服。

後來，在一次的互動中，我又覺得不舒服。這次，我選擇離開現場。離開之後，我回顧了一下剛剛發生了什麼事，我發現，爸爸的自言自語總是讓我覺得很不舒服。

例如，當爸爸想拿冰箱裡的飲料來喝，他並不會直接請我去幫他拿，而是會用我聽得到的音量，『自言自語』地說：『唉，好可憐喔，我這個身體，這麼破爛，連要去冰箱拿個東西，都不能隨心所欲，也沒有人會想到我。啊，可憐，悲哀喔～』

當我聽到他的自言自語，內心就會充斥著很多焦慮，就會使我彈起身，立刻衝去冰箱幫他拿。

經過這樣的回顧，我才發現，原來當爸爸說這種抱怨時，我內心會下意識覺得：『爸爸身體這麼不舒服，好像是我應該負擔的責任，如果我不幫忙，好像我就很糟糕。』

但實際上，我很討厭這種受控的感覺。

我並不是不願意幫忙照顧他，只是，我現在才發現，我非常討厭自己被這種『罪惡感』操控，使得自己的行為變得不是自發的，而是被強迫的。這讓我感覺非常不好，即使我做的，看起來是件好事。」

以上面的故事為例，**當爸爸說出自憐式的抱怨時，很容易引發子女的罪惡**

感。當我們被引發罪惡感時，會感覺自己好像做錯事，做得不夠好、很糟糕等，甚至可能還會被引發羞愧感，而這些情緒就會使我們出現深深的焦慮感，於是，**這些焦慮感，促使我們出現反射性的行為，也就是：滿足對方的需求，以使對方情緒勒索的行為停止**。

當我們看清楚上面的互動循環與我們的內在心路歷程時，我們就需要去提醒自己：

「父親身體不好，並不是我的責任。如果我願意幫助他，當然很好，但是我沒有做，也不代表是我不好，即使他這麼認為，或這麼說。」

我們必須清楚地看見：**情緒勒索者是如何在我們身上，貼上我們在意、不喜歡的標籤**，而我們又如何為了擺脫這個標籤，以至於必須按照他們的要求去做。

但事實上：

我們可以自己決定自己是什麼樣子。

當對方貼標籤在我們身上時，只要我們清楚這是他們的手段，我們也清楚，這不是我們的樣子。那麼，我們不需要花時間去辯解、去說服對方，也不需要去做些什麼，以證明我們不是像他們想的那樣。

只要我們內心清楚自己的樣子，或宣言之。我們無法改變別人想要標籤我們的行為，但**真正讓我們覺得痛苦的，是我們不相信這個標籤，卻又不敢擺脫它，反而一直想要與對方辯解，或做出一些行為，以讓對方撕下那標籤。**

我們給予別人權力，讓別人有辦法定義、標籤我們，卻忘了：

其實，我們自己才有定義自己的權力；

當然，我們自己也有撕下標籤的能力。

如果我們把這權力給了別人，我們就容易會對對方生氣，生氣對方不該這麼對待我們，或是花很多力氣去說服對方，然後，感受對方的不認同、不被說服、以及自己的不被理解而覺得痛苦，覺得無奈、無力。

好像自己不能掌控自己的人生一樣。

但事實上，這權力在我們手上，我們是可以拿回來的。

請不要忘記這件事，**請記得你的權力與勇氣**。

然後，我們就能夠來好好的思考：「接下來，我該怎麼做？」

應：擬定因應策略、練習並應用

＊一次一個改變，設立不同程度的目標

當我們下定決心了，接下來，該怎麼做呢？

請去想像一下，如果是現在重視自己需求的你，並不願意按照對方的要求去做。那麼，你可以怎麼做？

因應的行為，其實是因人而異的，並沒有一定正確的答案。

如果你是一個可以很果決的人，你可以試著堅定拒絕。但如果你不是一個很喜歡起衝突，或是一開始練習，對自己還不是這麼有信心。那麼，**建議你可以先**

從「我一定做得到的事情」開始。

例如，以前面那個故事為例，如果你是那位爸爸的小孩，你可以先從：「練習不回應爸爸的需求，不擔負爸爸的情緒責任」作為自己現階段的目標。

當遇到爸爸的自憐式抱怨時，你的焦慮升起時，請立刻告訴自己：

「爸爸的身體不好，不是我的責任。爸爸的需求，我也沒有義務一定要滿足。沒有滿足爸爸，不代表我就是糟糕，或不好的。」

如果可以，試著忽略、不回應爸爸的需求。但如果在現場，還是感受到相當大的壓力，那麼，就請離開現場。

等自己慢慢發現，能夠愈來愈不被爸爸的情緒影響，可以把責任還給爸爸時，再試著想想：「**我是否能讓爸爸知道，他說這些話時，我的感受是什麼**。我並不是不關心他，但他說這些話時，總是讓我感覺自己是個混蛋。」

如此，先讓自己有能力安撫自己的焦慮，不回應對方的需求。當能夠養成這樣的習慣之後，再讓自己多做一些，甚至**練習向情緒勒索者表達自己的感受，以**

促成正向的互動循環。

很多時候，**情緒勒索者並不是一個純粹的「加害者」**，不要忘了我們前面提到過，關於許多情緒勒索者的困難。其實，他們只是希望滿足自己的需求，只是過去他們學到滿足需求的方法，是「情緒勒索」。有些時候，他們並沒有意識這樣的行為給別人帶來的傷害，因為**他們也被自己的焦慮給綁架了**。

記得：不要給自己訂立太困難達到的目標。

可以先從小目標開始，一次次修正，也慢慢感受、肯定自己的改變，並從中感受到自己如何拿回自己的主導權，以及對自我感受的差別。

＊有意識的選擇

有些人或許會好奇：「難道，我設立情緒界限之後，真的就是都不去滿足別人的需求嗎？這樣各顧各的，真的好嗎？難道不會太過自私？」

首先，我要釐清一個觀念：

重視自我感受與需求，不代表自私。

你尊重自己，這絕對不是自私。但如果你一味地要求別人也要符合你的想法要求，滿足你的需求，甚至不惜侵犯對方的界限，貶低對方以達到你的目的，這才是自私。

建立情緒界限，最重要的目的，除了讓每個人能夠了解自己需求，負起自己的情緒責任外，還有一個非常重要的目的，那就是：

讓我們的行為，是出自於自發，是自我有意識的選擇，而非出自於害怕與恐懼。

我知道我最重要的目的是滿足自己的需求，但在自己的需求之外，我仍然在意你的心情，那代表我重視你，而非因為我害怕你。

因此，決定要不要滿足別人的需求，並非僵化的「絕對不可以」，而是變成一種「有意識的選擇」。

尤其，當我們能夠安撫自己的罪惡感與焦慮後，**「滿足別人的需求」不再是一種飽含罪惡感的習慣，而是一種有意識的選擇。**

例如：今天同事請我幫忙他的工作，我可能有兩種選擇：

一種是，我發現自己今天工作也很多，可能沒有餘力幫忙他，因此，我拒絕了。

第二種選擇是，我今天工作還可以負擔，而之前同事幫了我一些忙，因此我願意幫他，所以我答應了。

或許你會問：「既然都是答應，那麼跟同事一要求我，我就答應，有什麼不一樣呢？結果不都相同嗎？」

第二種選擇與「一被要求就答應」最大的不同，就在於「有意識的選擇」。

我心裡非常清楚：

雖然都是「答應」，但我的「答應」，不是因為「害怕」。

害怕他生氣、害怕被討厭……

而是因為，我很感謝他以前對我的照顧和幫忙，因此在我能力範圍內，我願意為了他，付出我的時間與精力。

這就是「有意識的選擇」。

當這選擇權在於我「想不想要」，而非「我害不害怕」時，我會感覺自己對自己是有主導權的。當我想要，我也做得到時，我可以感覺自己很棒，也可以從中感覺到成就感、滿足感與愛。

當我不想要時，我也知道，或許我最近狀況不太好，我只能選擇先照顧好自己，而不需要有罪惡感。

你會發現，當這是你「有意識的選擇」時，你會感覺到自己變得更有力量，也更輕鬆地可以為自己，為別人做一些事情。

但如果這變成是「你理所當然一定要做的事」，不論是要滿足或不滿足，總都會讓你覺得被迫，覺得無力，覺得自我懷疑而感覺不好。

所以，請謹記：這是有意識的選擇，基於尊重自己感受的前提下，去除焦慮與害怕，你可以做出屬於你自己的選擇。

這也是「尊重自己」的重要原則。

開始改變吧！

深陷在一段「情緒勒索」的關係中，的確是相當無力且痛苦的。但我相信，當你決定翻開這本書，你已經為自己做了一個很棒的決定，也開始踏上了改變的路程。

如果這段「情緒勒索」的關係持續愈久，要改變這段關係的互動，甚至你對自己的看法，愈是充滿掙扎與痛苦。而且，在走這段改變的道路時，或許情緒勒索者的情緒強度，甚至社會文化、道德規範，都可能讓你更感覺到孤獨與自我懷疑。

尤其很多時候，情緒勒索者，可能挾帶許多「道德」、「應該」、「理所當然」的價值觀，要脅你「就範」。

而我們，只是想要找回關係。

但千萬不要忘了：

在關係中，我們需要回歸到「有意識的選擇」，擺脫因害怕而屈服在「情緒勒索的循環」中，實際上，更是為了我們的關係著想。

怎麼說呢？

如果，在關係中，你總是因為對方的情緒勒索，而答應、屈服於對方的要求下，慢慢地，你只會感覺這段關係、這個人給你很大的壓力。**當你總是身處在「害怕」的情緒裡，你很難在這段關係中，真正感受到「在乎與愛」**。而你發現，當你為了對方做些什麼，其實都不是因為你「愛」對方而自願，反而都是因為「害怕」時——

你會與對方的心漸行漸遠，最後，這段關係就會成為「沒有愛的壓迫關

係」。

我相信，在大部分「情緒勒索循環」的關係中，並不是每一段都讓我們想放棄。很多時候，我們想要修補、想要愛，只是，當對方用這種方式與我相處時，我感覺沒有「自我」。

而當「我自己」都消失了之後，我當然也沒有辦法「愛」。

所以，**擺脫情緒勒索，絕對不是自私的，而是為了讓我們能夠更純粹的感受到關係中最重要的「愛」——這才是關係中最重要的元素**。我們想要好好的「愛」對方，想要好好經營這段關係，而非只是因為害怕、恐懼，所以屈服。

而「愛」，其實很多時候，也是對方恐懼的來源。害怕不被愛、害怕失去愛，所以強力索取、控制、要求、苦苦相逼。

而我們，只是想要找回關係最原本的樣子。

所以，當你決定要踏上這個改變的過程時，請相信自己的決定。

在這辛苦的改變、拉鋸過程中，你必然時常會感覺到自我懷疑，甚至覺得孤單。因此，我想要邀請你，在這過程中，**請你當你自己的啦啦隊**。

你必須了解：

一旦，如果連你都不理解自己的感受，如果連你都不保護你自己不受傷害，那麼，更沒有人能夠了解或保護你。

只有你自己，能夠替你自己發聲，能夠保護你自己。

所以，在這條孤獨的路上，記得陪伴、相信自己。當他人的話語、評價影響你，使你感到焦慮時，你需要學會安撫、提醒自己：

我這麼做沒有錯，沒有對不起任何人。

當別人懷疑你時，你需要相信你自己，當你自己最重要的後盾。

如果可以，好好對著鏡子裡的自己，說出自己的宣言：

「我人生的目的，不是為了滿足別人的需求，而是為了滿足我自己的需要。

我的人生，應該由我自己選擇。」

如果你願意，好好陪自己邁向這一段有些艱辛卻重要的路；

那麼，你會發現，自己並不孤單。

別忘了，**你是你人生中，最重要的人**。

參考書目

- 《情緒勒索》，蘇珊・佛沃&唐娜・菲瑟著，杜玉蓉譯，智庫出版社。
- 《脆弱的力量》，布芮尼・布朗著，洪慧芳譯，馬可孛羅出版社。
- 《當下，與情緒相遇——諮商心理師的情緒理解與自我生命歷程》，曹中瑋著，張老師文化出版社。

國家圖書館預行編目資料

情緒勒索：那些在伴侶、親子、職場間，最讓人窒息的相處／周慕姿著. --初版. --臺北市：寶瓶文化, 2017.01
面；　公分. --（vision；142）
ISBN 978-986-406-078-8（平裝）
1.情緒管理 2.生活指導
176.52　　　　　　　106000757

vision 142

情緒勒索——那些在伴侶、親子、職場間，最讓人窒息的相處

作者／周慕姿（諮商心理師、心曦心理諮商所負責人）
副總編輯／張純玲

發行人／張寶琴
社長兼總編輯／朱亞君
主編／丁慧瑋　編輯／林婕伃
美術主編／林慧雯
校對／張純玲・劉素芬・陳佩伶・周慕姿
營銷部主任／林歆婕　業務專員／林裕翔　企劃專員／李祉萱
財務／莊玉萍
出版者／寶瓶文化事業股份有限公司
地址／台北市110信義區基隆路一段180號8樓
電話／(02)27494988　傳真／(02)27495072
郵政劃撥／19446403　寶瓶文化事業股份有限公司
印刷廠／世和印製企業有限公司
總經銷／大和書報圖書股份有限公司　電話／(02)89902588
地址／新北市新莊區五工五路2號　傳真／(02)22997900
E-mail／aquarius@udngroup.com

法律顧問／理律法律事務所陳長文律師、蔣大中律師
如有破損或裝訂錯誤，請寄回本公司更換
著作完成日期／二〇一六年十一月
初版一刷日期／二〇一七年一月二十五日
初版二四六刷日期／二〇二四年四月十日
ISBN／978-986-406-078-8
定價／三一〇元

愛書人卡

感謝您熱心的為我們填寫，
對您的意見，我們會認真的加以參考，
希望寶瓶文化推出的每一本書，都能得到您的肯定與永遠的支持。

系列：Vision 142　書名：情緒勒索——那些在伴侶、親子、職場間，最讓人窒息的相處

1. 姓名：__________　性別：□男　□女

2. 生日：____年____月____日

3. 教育程度：□大學以上　□大學　□專科　□高中、高職　□高中職以下

4. 職業：__________

5. 聯絡地址：____________________

聯絡電話：__________　手機：__________

6. E-mail信箱：____________________

□同意　□不同意　免費獲得寶瓶文化叢書訊息

7. 購買日期：____ 年 ____ 月 ____日

8. 您得知本書的管道：□報紙／雜誌　□電視／電台　□親友介紹　□逛書店　□網路
□傳單／海報　□廣告　□其他

9. 您在哪裡買到本書：□書店，店名________　□劃撥　□現場活動　□贈書
□網路購書，網站名稱：__________　□其他________

10. 對本書的建議：（請填代號　1. 滿意　2. 尚可　3. 再改進，請提供意見）

內容：____________________

封面：____________________

編排：____________________

其他：____________________

綜合意見：____________________

11. 希望我們未來出版哪一類的書籍：____________________

讓文字與書寫的聲音大鳴大放

寶瓶文化事業股份有限公司

（請沿此虛線剪下）

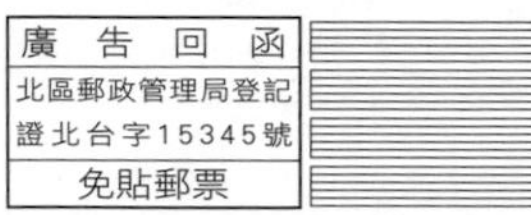

寶瓶文化事業股份有限公司收

110台北市信義區基隆路一段180號8樓

8F,180 KEELUNG RD.,SEC.1,

TAIPEI.(110)TAIWAN R.O.C.

（請沿虛線對折後寄回，或傳真至02-27495072。謝謝）